novum pro

AF162713

Hans-Joachim Risto

Elternlos

novum pro

www.novumverlag.com

Bibliografische Information
der Deutschen Nationalbibliothek:

Die Deutsche Nationalbibliothek
verzeichnet diese Publikation in
der Deutschen Nationalbibliografie.
Detaillierte bibliografische Daten
sind im Internet über
http://www.d-nb.de abrufbar.

Alle Rechte der Verbreitung,
auch durch Film, Funk und Fernsehen,
fotomechanische Wiedergabe,
Tonträger, elektronische Datenträger
und auszugsweisen Nachdruck,
sind vorbehalten.

© 2021 novum Verlag

ISBN 978-3-99107-460-1
Lektorat: Marie Schulz-Jungkenn
Umschlagfotos:
Pikepicture, Esther19775,
Vladimir Ovchinnikov | Dreamstime.com
Umschlaggestaltung, Layout & Satz:
novum Verlag
Innenabbildungen: Hans-Joachim Risto

Gedruckt in der Europäischen Union
auf umweltfreundlichem, chlor- und
säurefrei gebleichtem Papier.

www.novumverlag.com

Inhalt

Geburt und Landsberg (Warthe) 7

Die Vertreibung 32

Meine Großeltern Helene und Albert Risto 35

Bitterfeld-Leißling 41

Meine Rückkehr nach Ribnitz 78

Meine Zeit bei der HO in Guben 93

Die Zeit in Marienberg 106

Mein Leben in Frankfurt (Oder) 111

Geburt und Landsberg (Warthe)

1935 war Friedenszeit. Es war ein Jahr, das zu den guten Jahren nach all den Entbehrungen der Nachkriegszeit, der Inflation, der Weltwirtschaftskrise und der enormen Arbeitslosigkeit Anfang der 30iger-Jahre gehörte. Die Menschen waren wieder fröhlich und glaubten an eine großartige Zukunft. Sie jubelten Hitler zu. Er hatte es geschafft, Arbeitslosigkeit und Elend weitgehend zu beseitigen. Die meisten Leute hinterfragten nicht, wie das möglich war und was Hitler mit seiner Politik erreichen wollte. Sie wollten das alles auch gar nicht wissen, Hauptsache, es ging ihnen gut. Zweifel an den Zielen des Regimes wurden weitgehend verdrängt, man hörte nicht so genau hin, was Hitler sagte, man gab sich einfach der Euphorie dieser Zeit hin. Man hatte wieder etwas, woran man glauben konnte nach all der Schmach, die den Deutschen angetan worden war. Der verlorene Krieg, das Versailles-Diktat, die Enteignung der Kolonien, die Besetzung des Rheinlandes und die verlorene Monarchie. Deutschland war im Aufbruch, für die Masse keineswegs in Richtung eines neuen Krieges, eher nach Rehabilitierung, nach Abschütteln der Versailler Unrechte und nach wirtschaftlicher Blühte. Man traute es Hitler zu, das alles zu verwirklichen. Für die stark aufkommenden Kommunisten hatte man wenig Sympathie, obwohl sie eine erhebliche Wählerschaft hatten. In dieses Jahr hinein wurde ich nun geboren von einer jungen Frau von 24 Jahren, die selbst noch ihren Weg ins Leben suchte. So ähnlich ging es auch meinem Vater, dem einzigen Sohn einer sehr reichen Familie. Sie besaßen in Landsberg an der Warthe ganze Häuserzeilen und eine Fabrik in Czarnikau, Provinz Posen. Mein Vater, Heinz Paulsen, war Alleinerbe und hatte bis zu der Zeit, als ich geboren wurde, wohl kaum gearbeitet.

Mein Vater

Nach dem von mir Vernommenen hatte er Ingenieur-Wissenschaft studiert und sich auf die Übernahme des Grundstück-Vermögens vorbereitet. Nach den Fotos zu urteilen, waren seine Eltern schon sehr alt. Allerdings lebten zu der Zeit noch seine Großeltern, die wohl etwa in dieser Zeit ihre Goldene Hochzeit feierten, wie aus den Fotos zu entnehmen ist. Mein Kommen scheint den Eltern und Großeltern meines Vaters nicht willkommen gewesen zu sein. Jedenfalls wollten sie eine feste Verbindung zu meiner Mutter nicht unterstützen, so sagten es mir meine Großeltern mütterlicherseits. Leichte Zweifel daran kommen mir allerdings angesichts eines Fotos aus meiner großelterlichen Wohnung, auf dem neben meinen Eltern, den Eltern meiner Mutter auch die Großmutter meines Vaters zu sehen ist. Die Zweifel werden größer, wenn ich die Fotos betrachte von der Verlobung meiner Eltern, bei der die Großeltern meines Vaters und seine Mutter anwesend sind.

In Omas Wohnung, meine Eltern u. meine Omas, 1934

Verlobung meiner Eltern, Wohnung meiner väterlichen Großeltern, 1934

Danach kann es doch eigentlich keine so starke Ablehnung gegen meine Mutter als Ehefrau von Heinz Paulsen gegeben haben. Vielleicht hat sich das Ganze durch meine Anwesenheit geändert und die Familie meines Vaters glaubte an eine vorübergehende Liebschaft. Durch mein Unterwegssein und meine Geburt wurden nun Tatsachen geschaffen, die Verpflichtungen auslösten. Es wurde ernst. Möglich dass erst jetzt die Ablehnung meiner Mutter deutlich zum Ausdruck gebracht wurde. Meine Mutter als Tochter eines Gastwirts, gelernten Fleischers und Kochs und einer Hausfrau war nicht standesgemäß, so jedenfalls sagte es mir meine Großmutter einmal. Warum meine Mutter sich scheinbar mehr zu der Arztfamilie Tews in Landsberg in dieser Zeit hingezogen fühlte, sich dort oft mit mir aufhielt und dann nach Berlin ging, um mich dort zu entbinden, ist mir verborgen geblieben. Ich vermute, es gab meinetwegen Auseinandersetzungen mit ihrem Vater. Über mögliche Treffen oder eine Beziehung zu meinem Vater während der Schwangerschaft und danach ist mir leider nichts bekannt. Auch hier nur die Vermutung, die Schwangerschaft hat die Beziehung auseinandergebracht. Die Eltern meines Vaters waren scheinbar dagegen. Damit war meine Mutter in doppelter Weise in die Enge getrieben. Einmal war sie von meinem Vater verlassen und zum anderen hatte sie Probleme mit ihrem Vater. So entband sie in einem Krankenhaus in Berlin-Neukölln. Wahrscheinlich wohnte sie bei ihrem Onkel Richard, zu dem und dessen Frau Else sie schon früher gute Beziehungen unterhielt. Mein Opa hatte in den 20er-Jahren seinem Schwager Richard die Else Wunnicke aus dem Dorf Zechow bei Landsberg als Ehegattin empfohlen. Er kam als fahrender Händler damals in zahlreiche Dörfer und lernte dadurch viele Menschen kennen, was seinen Schwager veranlasste, ihn zu fragen, ob er nicht eine junge Dame kennen würde, die für ihn als Ehefrau geeignet wäre. Tatsächlich wurde Else dann seine Ehefrau. Aus der Ehe ging eine Tochter hervor, zu deren Tochter ich heute noch in Verbindung stehe. Der Vollständigkeit halber sei noch erwähnt, dass 1945 Richard und Else mit ihrer Villa im Französischen Sektor angekommen waren und Einquartierung von französischen Offizieren hatten. Else, noch relativ jung und sehr hübsch, fand Anklang bei einem der Offiziere. Onkel Richard ließ sich scheiden, aber nur, um seine Else später erneut zu heiraten, nachdem die Franzosen abgezogen waren. Irgendwann zwischen 1936 und 1938 zogen wir nach Oranienburg und später in das Dorf Malz bei Oranienburg, wo wir bei einem Bauern in einem Mansardenzimmer wohnten. An diese Zeit kann ich mich noch gut erinnern. Ich müsste damals etwa 3 bis 4 Jahre alt gewesen sein. Meine Mutter hatte sich mit einem Lebenspartner zusammengetan, mit dem wir in Malz in einem Bauernhaus lebten. Es war eine schlimme Zeit. Der Mann war oft betrunken und schlug meine Mutter regelmäßig. Ich erinnere mich, wie er sie einmal mit Holz „bearbeitete", das unmittelbar vor unserer Wohnungstür im 1.Stock aufgeschichtet war. Auch kann ich mich lebhaft daran erinnern, wie uns einmal meine Oma Helene besuchte und sie mit mir spazieren ging. Wir machten an einer kleinen Brücke halt und pflückten Blumen, Sie war sehr, sehr nett zu mir – wie dann auch in meinem späteren Leben. An einem großen Wasser angelangt, warf ich ein kleines rotes Rad von einem Spielzeugwagen in ein großes Wasser und fragte, ob das Rad auch bei Onkel Richard ankommen werde. Meine Oma bestätigte ganz ernsthaft mein Wunschdenken. Einmal hatte mich meine Mutter allein gelassen (das kam sicher öfter mal vor), wenn sie wegging, hatte ich immer fürchterliche Angst und weinte sehr. An diesem Tag bin ich ins Dorf gelaufen und kam an einen Waldrand. Ich ging einen schönen Waldweg entlang und fand einen kleinen Karren, den ich hinter mir herzog. Langsam füllte ich ihn mit allen möglichen Gegenständen, die ich unterwegs im Wald fand. Ich erinnere mich an eine emaillierte Kaffeeflasche mit Schnappverschluss. Voller Stolz über meinen Ausflug und die gefundenen Sachen kehrte ich irgendwann um. Ich kam erst gegen Abend in das Dorf zurück. Dort gab es einen riesigen Menschenauflauf. Meine Mutter hatte das ganze Dorf zusammengetrommelt, um mich zu suchen. Da niemand meine Wegrichtung kannte, war man am Dorfausgang stehen geblieben und diskutierte gerade darüber, wo ich nun hingegangen sein könnte. Als mich meine Mutter wieder in ihre Arme schließen konnte, war sie unheimlich glücklich und ich auch. Hier lernte ich auch erstmals Spargel kennen, den uns „unser Bauer" auf dem Feld zeigte. Meine Großeltern erfuhren dann irgendwann von den Zerwürfnissen mit dem Partner meiner Mutter. Jedenfalls stand eines Tages ein LKW vor unserem Haus, auf den die Sachen meiner Mutter aufgeladen wurden, und ehe der Partner meiner Mutter nach Hause kam, waren wir schon weg in Richtung Landsberg. Das hatte mein Großvater über die Firma Neuleib in Landsberg organisiert, bei der er eine Großgarage und einen sich über mehrere solcher Großgaragen hinziehenden Boden gemietet hatte. Es waren alles LKW-Garagen und ein sehr langgestreckter Boden, auf dem mein Opa seine Felle lagerte, die er von den Bauern als Zugabe für die Schlachtungen erhielt, die er neben seiner Handelstätigkeit auf den Bauernhöfen durchführte. Er war gelernter Koch und Fleischer, war aber jetzt selbstständiger Händler für Wolle, Strümpfe und sonstige Textilien. Bis zum Krieg war er stets mit einem Opel Blitz unterwegs. Dann hat man ihm die Autoreifen für den Krieg entzogen, so musste er alles mit einem Lastenfahrrad bewältigen. Das muss sich etwa 1939 oder 1940 abgespielt haben, denn 1941 wurde ich schon in Landsberg eingeschult. An die ersten Jahre in Landsberg kann ich mich nicht gut erinnern, wohl aber an einige Ereignisse während der Schulzeit. Wir wohnten zunächst einmal in der Wohnung meiner Großeltern. Auf der Wiese seitlich des Grundstücks und in dem gegenüberliegenden Kirchgarten der Lutherkirche haben wir als Kinder oft gespielt.

Da mehrere Kinder im Haus wohnten, kamen wir auch öfter im Hof zusammen, spielten dort an einer Schaukel oder auf dem gegenüberliegenden Zirkusgelände. Im Sommer wie im Winter war aber auch „der Kanal", ein nicht weit entfernter künstlicher Wasserlaufmit dem Namen Brenkenhof-Kanal, unser Spielplatz. Im Winter liefen wir dort Schlittschuh, im Sommer war baden und angeln angesagt. Das hat mir sehr viel Spaß gemacht. Ich hatte mir im Volksbad, einer Schwimmhalle, selbst das Schwimmen

1944, an der Lutherkirche, ich bin der Größte der Jungen

beigebracht, da war ich etwa 8 Jahre alt. Zunächst badete ich im Nichtschwimmerbereich, später schwamm ich immer im Schwimmerbecken am Seil entlang von einer Seite zur anderen hinüber. Als ich das geschafft hatte, konnte ich richtig schwimmen. Im Sommer war ich bald jeden Tag am Kanal. Ich angelte viele kleine Fische, die ich manchmal an eine Katze verfütterte, die in unserer Nähe am Hauseingang saß. Einmal vertilgte sie 8 kleine Plötzen. Ich wundere mich heute noch darüber, wie die Katze diese Menge in ihrem kleinen Magen untergebracht hat. Meine Freunde kamen aus unserem Haus und der näheren Umgebung. Wir spielten gern auf unserem Hof und auf der Wiese neben uns und an der Kirche. Deren Wiesen und Sträucher luden geradezu zum Versteckspielen ein, wie auch der dahinter liegende Lunapark. Ein guter Freund von mir wurde mit uns zusammen und seiner Familie vertrieben. 1947 gingen wir in dieselbe Schule in Leißling bei Weißenfels. Danach haben wir uns aus den Augen verloren. Erst im Jahr 2000 habe ich ihn über das Internet gefunden. Leider verstarb er 2 Monate später in Duisburg, wo er die ganzen Jahre im Bergbau tätig war. Als ich mit ihm sprach, merkte ich schon seine Teilnahmslosigkeit und erfuhr von seiner schlimmen Krankheit. Nach 2 Monaten rief mich seine Frau an und sagte mir, dass er verstorben ist. Zurück zu Landsberg. Meine Großeltern hatten eine 2-Zimmer-Wohnung mit Küche, Klo war eine halbe Treppe tiefer, im Stall auf dem Hof lagerte unser Brennmaterial für die Ofenheizung. Meine Großeltern wohnten und schliefen im vorderen Zimmer, das ein Durchgangszimmer war. Meine Mutter und ich bekamen das hintere Zimmer, in dem auch im Winter kaum geheizt wurde. Da stand auch noch das Klavier meiner Mutter. So lebten wir einige Jahre bis etwa Mitte 1944 dort zusammen. Dann bekamen wir eine eigene Wohnung am Wall 8, auch in Brückenvorstadt, nur wenige Meter von der Warthe und der großen Warthebrücke entfernt. Das Haus war ehemals eine Pension mit Fremdenzimmern. Unten gab es eine Gaststätte und eine Bäckerei. Meine Mutter hatte eine Anstellung als Kassiererin im Kino „Kyffhäuser-Lichtspiele" angenommen. Da sie manchmal abends nicht wusste, wo sie mich unterbringen sollte, nahm sie mich mit ins Kino. Ich saß dann immer in einer nicht besetzten Loge und konnte mit großer Freude Filme sehen, die eigentlich für Kinder verboten waren. Darunter „Quax, der Bruchpilot", „Alkazar" und auch ein U-Boot-Film, in dem das Boot wegen Sabotage zu sinken drohte. Manchmal überredete meine Mutter unseren Gastwirt, mich im Gastraum auf einem Sofa zum Schlafen zu legen. Wenn mir das nicht mehr gefiel, lief ich schon nachmittags zu meiner Oma und übernachtete dort. Da meine Mutter davon nichts wusste, kam sie nach ihrem Dienst zum Haus ihrer Eltern und warf Steinchen gegen die Fensterscheibe – das Haus war ab 8.00 Uhr abends verschlossen – um auf sich aufmerksam zu machen. Wenn meine Oma ihr durch das geöffnete Fenster sagte, dass ich bei ihr sei, war alles in Ordnung und meine Mutter ging wieder in ihre Wohnung. Die Kinobelegschaft hatte sich im Laufe der Zeit zu einer richtig guten Gemeinschaft entwickelt, in der sich meine Mutter sehr wohlfühlte. Im Jahre 1943 oder 1944 erhielten wir die Nachricht, dass mein Vater an der Ostfront als vermisst gemeldet wurde. Wir wussten, dass das eine Todesnachricht war. Von der Nachricht war meine Mutter wie auch ihre Eltern sehr betroffen, für mich als Kind spielte das keine große Rolle, da ich meinen Vater noch nie gesehen hatte. Mein Vater wurde als Wehrdienstverweigerer verurteilt und ins Landsberger Gefängnis gebracht, später wohl in ein KZ. In den letzten Kriegsjahren wurde das sog. Todesbataillon 999 gegründet, in dem meist Strafgefangene an die vorderste Frontlinie geschickt und als „Kanonenfutter" geopfert wurden. In diesem Bataillon hat mein Vater gedient und ist dabei in Russland ums Leben gekommen. Ich bedaure sehr, dass ich bei meinen zahlreichen Recherchen im Internet nie etwas über meinen Vater und seine Familie finden konnte. Ich kenne weder sein Geburtsdatum noch seinen Wohnsitz. Ein einziger Hinweis ergab sich bei der Suche durch eine Annonce in der „Neumärkischen Zeitung", dass er sich im Mai 1931 mit einer Dame namens Heddy Gläser in dem Städtchen Soldin bei Landsberg verlobt hatte. Ich ging in Landsberg bis etwa Weihnachten 1944 in die Schule und war damals in der 4. Klasse. An die Schule habe ich nicht die beste Erinnerung. In meinem Gedächtnis sind immer nur der Lehrer auf dem Podium (1-2 Stufen höher als die Schülerbänke) und der Rohrstock, der meist längs der Tafel auf den Haltestöpseln lag, haften geblieben. Damit wurden die Jungs wegen geringster Vergehen oder schlechter Leistungen in gebückter Haltung und stramm gezogener Hose geschlagen. So zog uns der Lehrer die Hosen stramm. Einmal wurde ich vom Geigenstock des Gesangslehrers getroffen, der mir dabei eine Wunde unter der linken Augenbraue beibrachte. Sonst weiß ich nicht mehr viel über die Schule zu berichten. Außer, dass wir bei Fahnenappellen immer sehr lange mit zum Hitlergruß erhobenem rechten Arm stehen und uns die Reden und Fanfarenbläser anhören mussten. Das mochte ich nicht. Was mir sehr imponierte, waren die Geländespiele der Hitlerjugend (HJ). Die Jungs hatten schwarze, kurze Manchesterhosen, braune Hemden, Ledergürtel, Lederriemen quer über der Brust an und trugen Fahrtenmesser. Ich war ja erst 9 Jahre, durfte also noch nicht daran teilnehmen. Ich war voller Bewunderung und auch etwas neidisch. Besonders gefielen mir die Fähnriche mit ihren Kordeln und anderen Dekorationen. Eine Attraktion war der Zirkus

Brumbach, der genau uns gegenüber sein Winterquartier hatte. Jeden Tag konnte ich die 2 Liliputaner sehen, die uns gegenüber neben dem Tor Tag für Tag viele Stunden standen, die bunten Fahrzeuge und auch die Tiere, Elefanten, Tiger und Löwen. wie sie ihr Futter bekamen. Es waren für mich kleinen Kerl ganz tolle Erlebnisse, auch in den Fahrzeugen zu spielen, z. B. im Fahrerhaus der großen Zirkuswagen oder zwischen den verschiedenen Gerätschaften. Höhepunkte waren der Auszug des Zirkus im Frühjahr und der Einzug im Herbst ins Winterquartier. Da kam der ganze Zirkus mit allen Wagen und Tieren an unseren Fenstern vorbei, das dauerte mehrere Stunden. Im letzten Jahr bin ich sogar bis zum Bahnhof mitgelaufen, um das Verladen auf die Waggons zu beobachten. Natürlich habe ich auch einmal eine Vorstellung des Zirkus Brumbach in Landsberg besucht, um alles mal in Aktion zu sehen. Eines Tages wurde die Straßenbahn, die durch unsere Straße bis zur Roswieser Straße hinausfuhr, eingestellt und durch Oberleitungsbusse ersetzt. Die Leitungen wurden an Betonmasten angebracht, die entlang der Straße errichten wurden. Wir wohnten einerseits gegenüber dem Zirkus und andererseits gegenüber der Lutherkirche mit ihren Grünanlagen und dem angrenzenden Lunapark. Eine ideale Gegend zum Spielen für uns Kinder. Auch nach dem Umzug mit meiner Mutter an den Wall 8 war ich meistens bei meinen Großeltern in der Dammstraße 65 zu finden, wo ich meine Freunde hatte und wo es die besseren Spielmöglichkeiten gab. Außerdem war dort in der Nähe auch meine Schule (Knabenschule II), zu der ich durch den Park gelangte. Einmal fuhren wir mit dem Zug zu der Großmutter meiner Mutter nach Hohensalza (Inowrazlaw) zur Trauerfeier. Der Großvater war 1942 gestorben. Sie hatten dort ein Fuhrgeschäft und besaßen 2 Mietshäuser. In einem großen Garten stand eine Schaukel für vielleicht 10 Personen, da durfte ich mitschaukeln. Wir waren auch auf einer Kirmes mit meiner Mutter und Urgroßmutter, dort konnte man an einer langen Leine aufgehängte Dinge wie Bobontüten, Spielsachen oder Plüschtiere im Vorüberlaufen abschlagen und als Preis behalten. Das fand ich ganz toll. Wir besuchten dann dort in Hohensalza die Essig-

und Mostrichfabrik des Onkels meiner Mutter, Alfred, der dort im Ort lebte und seine Mutter betreute. Er war verheiratet und hatte 2 Kinder, die etwas älter als ich waren. Bevor er die Fabrik übernahm, hat er als Dentist gearbeitet. 1945 sind alle zusammen geflüchtet. Zunächst zu Richard nach Berlin, nach kurzem Aufenthalt dort sind sie nach Kempten im Allgäu weitergereist und von dort später nach Villingen im Schwarzwald gezogen, wo meine Urgroßmutter Hulda, am 22.08. 1956 mit ca. 88 Jahren gestorben ist. Alfred und Richard wie Arthur (wohnhaft in Kiel) waren Brüder meiner Oma Helene und Kinder der Hulda. Alfred und Richard haben sich wegen des Erbes der Mutter, das ausschließlich aus einem Lastenausgleich in Höhe von 24 000 DM bestand, heftig gestritten. Arthur war zu diesem Zeitpunkt schon tot, von ihm erbten zwei Kinder zu gleichen Teilen und auch ich 1964 mein erstes Auto, einen Trabant 601. Der Wagen kostete damals im Westen 4100 DM. So behielt ich noch 2000 DM übrig, die ich gegen 8000 Ostmark eintauschen konnte. Zurück zu Landsberg. Ich erinnere mich an einige dramatische Ereignisse: Als ich noch nicht schwimmen konnte, hatten mich mehrere Schüler der höheren Klassen in den Kanal geworfen, mich also an Händen und Füßen gepackt und ins Wasser geschleudert. Dabei hätte ich leicht ertrinken können. Meine Mutter ging mit mir zum Direktor der Schule und beschwerte sich darüber. Das fand ich toll. Wir waren öfter mal baden an den sogenannten Schafspfuhlen, die in der Nähe des Kanals lagen. Meine Mutter saß auf der Wiese, unterhielt sich mit irgendwelchen Bekannten und achtete nicht auf mich, der ich zwar Wasser sehr mochte, aber eben noch nicht schwimmen konnte. So kam es, dass ich allein an einem der kleinen Pfuhle ins Wasser ging. Ich bewegte mich aber nur am Rande entlang, wollte den Pfuhl in Ufernähe umlaufen, so etwa bis zum Bauch im Wasser. Plötzlich kam ich an eine Stelle, wo das Wasser viel tiefer war und ich geriet unversehens unter Wasser. Da ich nicht schwimmen konnte, kam ich mir ziemlich hilflos vor und wäre wohl in Kürze ertrunken, hätte nicht unser Nachbar, Bäckermeister Jordan, mein Untergehen von einem anderen Pfuhl, in dem er gerade badete, zufällig gesehen. Er kam mir zu Hilfe und rettete mich. Später, nachdem ich mir selbst das Schwimmen beigebracht hatte, überraschte ich einmal meine Mutter mit einem Sprung vom 7,5-Meter-Turm, als sie gerade zur Tür des Schwimmbades hereinkam. Dabei blieb ich dann noch extra lange unter Wasser, um ein Unglück vorzutäuschen. Als ich dann an der Leiter wieder auftauchte, war ich ganz stolz auf mein Können. Meine Mutter war beeindruckt und aber auch entsetzt.

Mein Jagdtrieb muss damals schon relativ ausgeprägt gewesen sein, hatte ich es doch auf Vögel abgesehen. Ich besaß ein Katapult, der Gummi stammte von einem alten Autoschlauch meines Opas. Damit ging ich auf Pirsch und erlegte die schönsten Singvögel, die ich an Ästen im Gestrüpp aufhängte. Da ich keine Zeugen dafür hatte, sollten doch auch andere von meinen „Jagderfolgen" erfahren. So erzählte ich davon den Mitschülern.

Meine Mutter mit mir, ca. 1939

Die erzählten das natürlich weiter und so gelangte es an die Lehrer. Jetzt sollte ich zur Rechenschaft gezogen werden. Daraus wurde nichts, weil ich dann wieder im rechten Moment von nichts wusste und alles abstritt. Ohne Beweise gab es auch keine Strafe. Inzwischen hatte ich Fahrradfahren auf einem Rad eines Freundes gelernt. Das war ein Heidenspaß. Da ich kein Fahrrad besaß, ließ ich mir etwas einfallen. Mein Opa war sonntags nicht auf den Dörfern unterwegs, so stand sein schweres Lastenfahrrad in der Garage. Heimlich holte ich mir den Schlüssel für die Garage und fuhr mit dem Fahrrad durch ganz Brückenvorstadt, immer aber nur stehend mit dem rechten Bein unterhalb der Stange die Pedale tretend. Das war nicht ganz leicht, aber durch mehr und mehr Übung beherrschte ich diese Art des Fahrradfahrens ziemlich gut. Einmal fuhren mein Opa und ich mit dem Zug der Kleinbahn in die Wälder im Südosten von Landsberg, um Pilze zu sammeln. Im Waggon waren weiter keine Fahrgäste, sodass ich von Abteil zu Abteil spazierte und versuchte, ein Fenster zu öffnen. Mein Opa saß in einem etwas entfernteren Abteil, während ich an den Griffen zog, die neben den Fenstern herabhingen. Die waren so schwer zu bewegen, dass ich einmal mein ganzes Gewicht daran hing und es dennoch nicht schaffte, das Fenster zu öffnen, allerdings gab der Seilzug, an dem ich so stark gezogen hatte, nach und rutschte nach unten. Nach kurzer Zeit hielt der Zug auf freier Strecke. Mein Opa holte mich zu sich in sein Abteil, wo wir auf die Weiterfahrt warteten. Zunächst aber kam ein Schaffner und fragte, ob wir die Notbremse gezogen hätten. Mein Opa antwortete empört mit nein. Spätestens jetzt ahnte ich, was ich da gemacht hatte. Der Schaffner redete auf meinen Opa ein, dass nur er es gewesen sein könnte, da der Junge gar nicht so viel Kraft hätte, die Notbremse zu ziehen. Mein Opa musste dann seine Personalien übergeben und die Fahrt ging weiter. Als wir dann ausgestiegen waren, rief uns der Schaffner zu: „Sie werden das noch bereuen, das wird Folgen haben!" Wir störten uns nicht weiter daran und gingen in den Wald. Dort fanden wir so viele Pfifferlinge, dass unsere großen Koffer schon überfüllt waren, außerdem hatten wir uns noch verlaufen, fanden aber alsbald wieder den Weg zum Bahnhof. Das Anhalten des Zuges hatte keine Folgen, der Schaffner hatte ja auch keine Beweise gegen uns. Auch ich wurde von meinem Opa nicht beschimpft oder anders bestraft, er nahm das mit einem Lächeln hin. Von da an interessierten mich Pilze ungemein. Noch in Landsberg machte mich eine alte Dame einmal auf eine Masse von Schopf-Tintlingen aufmerksam, die am Rande der Stadt auf einer kleinen Anhöhe mit Müll und Unrat standen. Sie erzählte mir, dass man diese Pilze auch roh essen könne. Als ich später in Ribnitz mich einmal hinter dem Sportplatz herumtrieb, sah ich diese Pilze in sehr großer Menge und bis zu 50 cm hoch gewachsen. Natürlich freuten sich meine Großeltern sehr über die Menge, die ich ihnen mitbrachte. Jahr für Jahr holten wir dort immer wieder diese Tintlinge und waren froh, wieder etwas mehr für unsere Versorgung tun zu können. So fing mein Pilzleben an, dass ich bis zu meinem 82. Lebensjahr mit großer Freude fortsetzte und dabei noch viele andere essbare Arten kennenlernte. Für meine Freunde war ich schon eine Art Pilzsachverständiger, der sie stets über essbare, ungenießbare und giftige Pilze aufklärte. Kurz vor Weinachten 1944 war die Schule beendet und wir Kinder wurden beim Winterhilfswerk eingesetzt. Die Turnhalle unserer Schule wurde Sammelplatz für die Spenden des Winterhilfswerks. Jeder Bürger war aufgerufen, das Letzte für die Frontsoldaten zu geben. Neben den normalen Sachen wurden die verrücktesten Dinge abgegeben. Z. B. Militärmützen und Käppis, Uniformen, sogar Schlittschuhe mit Stiefeln daran. Außerdem Damenpistolen und Trommelrevolver, um nur einiges zu nennen. Wir hatten die Aufgabe, die Sachen zu sortieren und die Mützen und Uniformen von Kokarden, Abzeichen und anderem Zierrat zu befreien. Es kamen ganze Kisten voller Abzeichen usw. zusammen, von denen wir uns zu Hause ein schönes Sortiment anlegten. Natürlich wollten wir auch Pistolen besitzen, so teilten wir die „Beute" auf, ich erhielt eine silberne Damenpistole und einen Trommelrevolver, für den Fall, dass die Russen entgegen der Durchhaltepropaganda doch bei uns einmarschieren sollten. So war ich wenigstens bewaffnet, wenn auch nur Munition für die Damenpistole vorhanden war. Am Abend des 30. Januars 1945 wurden beide Warthebrücken gesprengt. Es war etwa 16 Uhr, als zuerst die aus Steinen errichtete Gerloffbrücke, die Brückenvorstadt mit der Altstadt verband, in die Luft ging, später dann die Eisenbahnbrücke. Am nächsten Morgen fanden wir auf unserem Hof mehrere Fische, die durch die Wucht des Aufpralls des einen Brückenteils auf das Wasser hochgeschleudert worden waren. Wir waren mit meinen Großeltern und anderen Leuten, einigen alleinstehenden Frauen, zusammen in der Wohnung meiner Mutter am Wall 8, nur wenige Meter von der Brücke entfernt. Gegen 23 Uhr, bei eisiger Kälte, schauten wir verschüchtert aus unserer Haustür, die wir nur einen Spalt breit öffneten, und sahen in einer Entfernung von vielleicht 200 Metern die ersten russischen Panzer. Die Soldaten waren in weiße Schafspelze gehüllt, sie bewegten sich sehr vorsichtig, nicht wissend, ob es noch irgendwo deutsche Soldaten gab, die jeden Moment das Feuer auf sie eröffnen könnten. Diesen Abend und dieses Bild werde ich niemals vergessen. War doch dieser 30. Januar 1945 mit dem Erblicken der ersten russischen Soldaten ein Wendepunkt in unserem Leben. Bis dahin gab es eine Ordnung, ein Versorgungssystem, wenn auch mit den kriegsbedingten Mangelerscheinungen, es gab eine ärztliche Versorgung, das Leben war noch „normal". Danach war nichts mehr so, wie es vorher war. Es gab keine Schule mehr, die meisten Freunde waren weg, meine Mutter hatte keine Arbeit mehr, es gab den Bäcker nebenan nicht mehr, bei dem man sein Brot kaufen konnte, der Schuster war geflohen, die Menschen irrten ängstlich umher und fragten besorgt „was wird nun mit uns?" Es ging jetzt ums nackte Überleben. Landsberg soll damals noch 5000 Einwohner gehabt haben. Wie sollten die sich ernähren? Es gab keinen Laden mehr, außerdem war tiefster Winter, sodass auch aus Wald und Flur nichts geholt werden konnte. Wir hatten Glück, dass in unserem Hause eine Bäckerei war. Der Bäcker war mit seiner Familie geflohen. Es gab aber noch Bestände an Mehl und Backzutaten. So gingen die Frauen daran, Brot und Kuchen zu backen, was sie vorher in ihrem Leben in diesem

Umfang noch nicht getan hatten. Nun brauchte man aber auch Brotbelag. Ich hatte in der Nähe ein Lager der Allianz (eine Art Lebensmittelkette) aufgestöbert und dort Zucker, Salz, Margarine, Grieß und vieles andere mehr organisiert. Man musste ja immer auf der Hut vor den Russen sein, sie beschlagnahmten alles, was ihnen an Nahrungsmitteln in die Hände fiel. Bald war auch das Lager der Allianz leer, nur meinen Apfelsaft zog ich nach Bedarf von einem Zwischenlager in einem benachbarten Keller ab. Meine Mutter sagte immer nur: „Junge, Junge, wo du das nur herhast?" Die Warthe war im Februar mit Scholleneis bedeckt. Zwischen den Schollen war das Eis sehr dünn. Täglich kam es zu Unfällen, Menschen, die über die Warthe wollten, brachen im Eis ein, manch einer fand dabei den Tod, weil es kaum Hilfe gab. In Ufernähe halfen manchmal Polen den Ertrinkenden mit Leitern und langen Stangen. Ich lief am Rand Schlittschuh, wohlwissend, dass alles darüber hinaus tödlich war. Die Leute waren von den Russen aufgefordert worden, ihre Radiogeräte abzugeben, dazu mussten die aus Brückenvorstand über die Warthe. Die von den Russen errichtete Pontonbrücke durften sie nicht benutzen. In ihrer Angst vor Verfolgung gingen sie übers Eis und kamen dabei ums Leben. Ich sah, wie sie einbrachen und untergingen. Mein Opa hatte sich am 31. Januar todesmutig in seine Wohnung in der Dammstraße gewagt. Er kam als gebrochener Mann zurück. Gleich mehrere Schocks hat er in der kurzen Zeit erlitten. Auf der Straße wäre ein Russe gekommen und hätte ihn nach Uri, Uri gefragt. Mein Großvater wusste nicht, was gemeint war. Eh er sich's versah, hatte er ihm schon die goldene Taschenuhr von der Kette abgerissen und war verschwunden. Ein kleines Stück Kette hing noch an seiner Weste (damals waren die Stoffe noch sehr haltbar). Im Hause Dammstraße angekommen, stellte er fest, dass die dicke eichene Eingangstür aufgebrochen war. In seiner Wohnung saß auf seinem Bett ein junger Rotarmist und fuchtelte mit Opas langem Säbel aus dem ersten Weltkrieg herum, der immer über seinem Bett hing. Opa stellte ihn natürlich energisch zur Rede, was er sich erdreiste, sich in seiner Wohnung aufzuhalten, auf seinem Bett zu sitzen und den Ehrensäbel des Kaisers zu entwürdigen. Der Soldat war gar nicht beeindruckt und nahm eine bedrohliche Haltung ein. Er deutete an, er könne ihm mit dem Säbel auch den Kopf abschlagen. „Er sagte so was wie „Gitler kaputt! Du Nazi!" Dabei wies er auf die Orden hin, die über Opas Bett in einem Kästchen an der Wand hingen und aus dem 1. Weltkrieg stammten. U.a. war das Eiserne Kreuz darin. Der Rotarmist konfiszierte alles. Opa war entsetzt und machtlos. Er verließ daraufhin die Wohnung. Auf dem Rückweg zu uns kam er an seiner Garage mit dem Fellboden darüber vorbei, die er bei der Firma Neuleib (Vertrieb von Landmaschinen) gemietet hatte und wo sein zerlegter und auch der aufgebockte Opel Blitz untergebracht waren und wo etwa 10 000 Kaninchenfelle, Ziegenfelle, Füchse usw. zum Trocknen lagerten. Sonst wurden die Felle immer vierteljährlich von der Leipziger Sternwollspinnerei abgeholt. In den letzten Kriegsmonaten aber nicht mehr, sodass sich eine große Menge Felle angesammelt hatte, die auch einen erheblichen Wert darstellte. Er sah, wie der Garagentrakt mit dem Fellboden darüber in Flammen stand und damit auch sein Lebenswerk unterging. Ein furchtbarer Schlag für ihn. Irgendwann später bezogen meine Großeltern wieder ihre Wohnung in der Dammstraße 65. Wie wir waren sie auch völlig allein im Haus. Erst etwas später zog ein polnischer Drogist ein, der auch die Drogerie wiedereröffnete. Bei uns im Haus, Wall 8, etablierte sich ein Gastwirt, der die im Hause befindliche Gaststätte neu eröffnete. In den Monaten davor herrschte noch Krieg. Deutsche Flugzeuge bombardierten die Nachschubwege der Russen, so auch die sich im Bau befindliche Warthebrücke (eine Holzkonstruktion). Es kamen fast täglich, vor allem aber nachts, deutsche Stukas und Bomber, die unsere gesamte Umgebung wegen der nahen Brücke unter MG-Feuer nahmen, Bomben und Luftminen warfen. Dabei trafen sie zahlreiche Häuser in unserer Nähe, die dann nur noch Schutt und Asche waren. Meine Mutter und ich saßen Nacht für Nacht ganz allein im Keller unseres Hauses, voller Angst, dass uns eine Bombe trifft. Der Keller hätte uns nicht viel geholfen, denn das Haus war nur einstöckig. Ich glaube, die Bombe wäre bis in den Keller durchgeschlagen. Auch am Tage war es gefährlich, unterwegs zu sein. Deutsche Kampfflieger lieferten sich mit den russischen Luftkämpfe. Dabei pfiffen uns die Kugeln nur so um die Ohren. Als Kind findet man das interessant und schaut gen Himmel, ohne sich der Gefahr bewusst zu sein. So habe ich erlebt, wie zwei unserer Nachbarsfrauen schwer von Granatsplittern getroffen wurden. Ohne ärztliche Hilfe starben sie nach einigen Tagen, obwohl meine Mutter sie Tag und Nacht betreute. Ein andermal sah ich, wie ein Russe Zuflucht in einem Haus in unserer Nähe suchte, sich in einer Ecke auf den Boden warf, während am Himmel die Luftkämpfe tobten. Ich warf mich instinktiv neben ihn auf den Boden, er zog mich an sich heran, um mich zu beschützen. Etwa 4 Häuser neben uns hatte nachts eine Bombe ein 4-stöckiges Wohnhaus getroffen und zur Hälfte zerstört, die andere Hälfte stand noch. Man konnte in die Wohnzimmer und anderen Wohnräume hineinsehen, wo noch die Möbel standen. In dem riesigen Schutthaufen daneben fand ich einen Kinderarm und dachte sofort daran, dass hier Menschen gestorben sind. Neben der Warthebrücke stand ein Wohnwagen. Da ich stets überall herumstöberte, fand ich neben dem Wagen liegend zwei Tote, Mann und Frau. Offensichtlich haben sie darin gelebt, waren wahrscheinlich auf der Flucht und kamen nicht mehr über die gesprengte Brücke. Deshalb nahmen sie sich das Leben. In einem Park an der Angerstraße waren an den Wegkreuzungen mehrere Haufen mit Leichen deutscher Soldaten aufgeschichtet. Sie trugen alle Uniform, es könnten auch Leute des Volkssturms gewesen sein. Diese Anblicke waren immer Überraschungen für mich, waren grauenhaft anzusehen und bewegten mich damals tief und immer wieder, wenn ich daran dachte. Gerade diese Zeit von Februar bis Ende April 1945 war äußerst spannend für mich. Der gesamte Nachschub, vor allem Panzereinheiten, kamen durch unsere Straße, weil sie eben zur einzigen Brücke über die Warthe führte. Es gab viel zu sehen und zu erleben. Z. B. hatte ich mir ein Fahrrad gebastelt, das aber ohne Schläuche und Mäntel war, also nur auf den Felgen lief. Trotzdem hatte es mir ein Russe schon nach kurzer Zeit geklaut. Ich sehe noch heute das Bild vor mir, wie er den Damm am Rundungswall entlang mit dem Fahrrad losfuhr. Etwas ungelenk, aber er verschwand damit. Ich konnte natürlich nichts dagegen tun. Ich sehe auch noch vor meinen Augen die Vierlingsgeschütze, die einen Drehteller auf der Lafette hatten, mit dem man sich um 360° drehen konnte. Sie waren unterhalb des Walls am Wartheufer stationiert und wurden von jeweils vier Frauen bedient. Sie dienten der Flugabwehr. Immer wenn deutsche Flieger auftauchten, ging die Ballerei los. In diese Zeit fällt auch das mutwillige Abbrennen unserer Hauptstraße, die damals Richtstraße hieß. Die Russen hatten sie angezündet. Herrliche Häuser im Jugendstil, um die Jahrhundertwende erbaut, fielen den Flammen zum Opfer. In meinen Unterlagen befinden sich Abbildungen der Richtstraße. An das Kaufhaus Bornemann und das Schuhgeschäft Leiser kann ich mich gut erinnern. In dieser Zeit war ich viel unterwegs, man bedenke, ich war noch nicht einmal 10 Jahre alt. Es musste etwas zu essen herbeigeschafft werden. Ich stöberte durch verlassene Häuser und Wohnungen, durchsuchte Läger, Keller und Pferdeställe. Meine Mutter setzte mit einigen Nachbarinnen die bei uns im Hause Wall 8 befindliche und verlassene Bäckerei Seifert in Gang. Sie backten große Mengen Brot, sodass wir gut über die Runden kamen. Wir „belieferten" auch meinen Opa mit Brot, der zu dieser Zeit bei einer russischen Einheit Koch war und das umzäunte Gelände nicht verlassen durfte. Am Zaun konnten wir Ware mit ihm austauschen. Er gab uns Schmalz und bekam dafür Brot. So hatten alle was davon. Einmal fand ich an der Marienkirche, im Zentrum der Stadt, eine 20-Liter-Milchkanne, in der sich am Boden etwa 8–10 cm Sirup befand. Ich schleppte diese große Kanne nach Hause (immerhin über die gut bewachte Brücke) und wir hatten wochenlang Brotaufstrich. Einmal fand ich in einem leeren Pferdestall in der Krippe eine Menge Hühnereier, die Hühner hatten sie in das Streufutter gelegt, das für Pferde gedacht war. Als ich oftmals in den verlassenen Wohnungen auf Porzellan stieß, überlegte ich, was ich damit machen könnte. Da kam mir der Laden in der Dammstraße in den Sinn, der im Haus der Zirkusfamilie Brumbach von einem Polen eröffnet worden war, aber nur wenige Gegenstände aus Keramik und Porzellan im Schaufenster stehen hatte. Ich dachte mir, vielleicht könnte ich ihm ja einige Teller, Vasen und Kannen verkaufen. Deswegen bei ihm anzufragen, fiel mir etwas schwer. Ich tat es aber und hatte Erfolg. Immer wenn ich irgendwo Glas-, Porzellan- oder Keramikartikel fand, verkaufte ich sie an ihn. So kamen wir wenigstens ab und zu zu etwas Geld, was uns für unsere Ernährung einfach fehlte. Anfangs verdienten wir alle ja nirgendwo Geld. Es war die Zeit, als viele Deutsche auf der Straße aufgegriffen und verschleppt wurden. Männer wurden nach Russland gebracht, Frauen in entfernte Orte der Neumark in Arbeitslager eingesperrt, von wo aus sie jeden Tag zu einer bestimmten Arbeit gebracht wurden. Am besten waren noch die Frauen dran, die in Landsberg selbst eine Arbeit zugewiesen bekamen. Mein Opa (er war damals 68 Jahre alt) wurde auch auf der Straße aufgegriffen und interniert. Sie waren etwa 400 Männer, die nach Russland zur Arbeit gebracht werden sollten. Er erzählte mir später, er habe sich beim Kommandierenden gemeldet und gefragt, ob er nicht, schon wegen seines Alters, in Landsberg eine Arbeit bekommen könnte. Darauf habe man ihn gefragt, welchen Beruf er denn habe. Da sagte er eben, er sei Koch und Küchenfleischer. Daraufhin setzte man ihn für die bereits erwähnte Einheit als Koch in Landsberg ein. Wir besuchten in dieser Zeit natürlich unsere Großmutter in der Dammstraße 65 sehr oft. Eines Tages wurden wir auf der Straße von Russen angehalten. Offensichtlich mit der Absicht, meine Mutter zu internieren. Sie antwortete auf Polnisch, was sie ein wenig konnte. Nach dem nur sehr kurzen Wortwechsel ließ man uns gehen. Welch ein Glück! Fürs Erste waren wir gerettet. Als ich einmal wieder am Kanal war, warfen einige Soldaten Handgranaten ins Wasser, um Fische zu fangen. Ich fragte, ob ich sie aus dem Wasser holen soll. Sie lachten und ich sprang in den Kanal und sammelte die nach der Detonation mit dem Bauch nach oben schwimmenden Fische für sie ein. Ein anderes Mal hatten Panzersoldaten Spaß an mir und gaben mir ein Stück weißes Kastenbrot und fetten Speck. Brot ja, aber Speck pur, das zu essen, kostete mich Überwindung. Hat aber geschmeckt. Man hatte ja immer Hunger gehabt. Kurz nach dem 08. Mai, der von den Russen mit Freudentänzen und Schusssalven in die Luft begangen wurde, kamen zwei Generäle zu uns in die Wohnung und fragten meine Mutter sehr höflich, ob sie bereit wäre, für sie selbst und einen Trupp Soldaten die Schlafstätten in den Fremdenzimmern herzurichten. Sie kämen dann am Abend zum Übernachten wieder vorbei. Natürlich sagte meine Mutter zu und machte die Zimmer, soweit es möglich war, schlafbereit. Nach der Einquartierung der Soldaten kamen die Generäle zu uns ins Wohnzimmer mit einer Flasche Wodka in der Hand. Wir verbrachten den gesamten Abend zusammen und unterhielten uns über die Kriegszeit, über unser Schicksal, über den Tod meines Vaters, auch über Hitler und seinen Aufstieg. Ich war natürlich nur dabei und musste nach dem Willen der Generäle ein Glas Wodka mittrinken, was für sie mehr als Medizin gedacht war. Aber mir blieb im Gedächtnis, dass meine Mutter sagte, wir einfachen Deutschen können ja nichts für den Krieg, den Hitler angezettelt hat. Die Generäle, die gut Deutsch sprachen, sagten, aber die Deutschen hätten Hitler doch gewählt, obwohl sie wussten, dass er Raum im Osten erobern wollte. So viel ist mir von dem Gespräch für immer im Gedächtnis geblieben. Gegen Ende des gemeinsamen Abends schlugen sie meiner Mutter vor, uns beide am nächsten Morgen nach Berlin mitzunehmen, wenn wir es wollen. Meine Mutter war hoch erfreut, sagte aber, dann müssten auch ihre Eltern mitgenommen werden, und wollte mich losschicken, um ihnen Bescheid zu geben. Daraufhin meinten die Offiziere, das ginge diesmal nicht, aber sie würden in den nächsten Wochen wieder vorbeikommen und uns dann alle mitnehmen. Leider sind sie nie wiedergekommen. Heute ist mir klar, dass meine Mutter hier einen großen Fehler begangen hat. Es hätte gereicht, den Großeltern Bescheid zu geben, dass wir nach Berlin abreisen werden. Wenn sie dann eines Tages auch ihre Wohnung verlassen müssten, hätten wir uns in Deutschland wiedertreffen können. Wir brauchten unsere neue Adresse nur bei Onkel Richard in Berlin oder Onkel Arthur in

Kiel zu hinterlassen und schon würden wir wieder zusammenfinden. Ich denke, meine Mutter wäre dann nicht so früh gestorben und mein Leben wäre ganz anders verlaufen. Es gab mehrere unangenehme Ereignisse in dieser Zeit. Ich stand einmal auf der Couch vor dem Fenster, als plötzlich von einem Panzer aus auf mich geschossen wurde, die Kugel schlug über mir in das kleinere Fenster ein. Der Soldat hat wohl nicht erkannt, dass ich ein Kind war oder mir nur einen Schreck einjagen wollen. Einmal drang ein russischer Oberleutnant mit seinem ihm zugeteilten Soldaten gewaltsam in unsere Wohnung ein. Der Offizier fuchtelte mit der Pistole vor meiner Mutter herum und verlange Zigaretten. Da meine Mutter keine hatte und ihm das sagte, fing er an, die Schränke zu durchwühlen, warf die Wäsche aus dem Korb und hob die Betten und Matratzen an. Leider hatte meine Mutter unter der Matratze ihren Goldschmuck versteckt, den nahm er natürlich mit und dann verließ er unsere Wohnung mit wütenden Worten. Sein Adjutant stand die ganze Zeit draußen vor der Wohnungstür, wahrscheinlich wollte der Oberleutnant nicht von anderen überrascht werden. Für uns war das Ganze eine sehr brenzlige und angstvolle Situation, man hörte immer von ihm, wenn er etwas findet, so würde er uns erschießen. Da er die Pistole immer in der Hand hatte, waren wir nicht sicher, die Situation lebend zu überstehen. In dieser Zeit gab es überall zahlreiche Vergewaltigungen. Inwieweit meine Mutter ihnen gänzlich entgangen ist, weiß ich nicht. Schon bald aber hatte sie einen russischen Oberleutnant als Freund, der sie vor Vergewaltigungen und anderen Zudringlichkeiten schützte. An unserer Tür stand auf Russisch: „Hier wohnt Oberleutnant Sergej Graf." Das schreckte andere Russen ab. Sergej war Finne aus Helsinki. Er hielt uns alle mögliche Unbill vom Halse. Einmal hatte ich in der Nähe unserer Wohnung Polen mit den Worten: „Polskaja Swinja" beschimpft, ohne allerdings mir der Tragweite dieser Worte bewusst zu sein. Ein Pole nahm mich bei der Hand und fragte, wo ich wohne, und ging mit mir zu meiner Mutter Am Wall 8. Ich warnte ihn allerdings schon auf dem Weg dorthin, dass bei meiner Mutter ein russischer Offizier sei. Das ignorierte er. Er war wohl der Meinung, er könne meiner Mutter und auch dem Offizier klarmachen, dass ein so kleiner Junge derartige Schimpfwörter gegen Polen nicht in den Mund nehmen dürfe. Er meinte es eigentlich gut. Er hätte mich ja auch ohne Weiteres verprügeln können. Doch es kam ganz anders. In der Wohnung angekommen, hatte der Pole gerade mal ein paar Worte gesagt, da zog Sergej seine Pistole und ließ einen donnernden Wortschwall auf den Polen nieder. Der Pole floh in panischer Angst die Treppe hinunter auf den Hof und über ein sehr hohes Brettertor hinweg – und ward nie wieder gesehen. Sergej wollte meine Mutter mit nach Batumi nehmen und heiraten. Sie schien nicht abgeneigt zu sein. Ob sie es allerdings wirklich ernst meinte, ist sehr zweifelhaft – schon wegen ihrer Eltern. Es hätte aber durchaus auch sein können, dass ich ein Russenkind geworden wäre, hätte meine Mutter weitergelebt. Im Oktober 1945 wurde meine Mutter plötzlich sehr krank. Ich erinnere mich an die 3 letzten Tage, an denen sie im Koma lag und ununterbrochen laut röchelte. Meine Großeltern waren ratlos. Ärzte gab es nicht. Als das Röcheln am dritten Tag schwächer wurde, sagte meine Oma, jetzt ist die Krisis überstanden und sie wird wieder gesund. Leider war es das Gegenteil. Die Kräfte meiner Mutter ließen nach, sie konnte sich gegen den Tod nicht mehr wehren, er trat dann gegen Abend ein. Mein Opa ging spät am Abend auf die Suche nach einem Arzt. Die russische Kommandantur sagte ihm zu, sie würden einen Arzt schicken. Der kam dann auch am nächsten Tag gegen 11 Uhr vormittags. Er stellte dann nur noch den Tod wegen Bauchtyphus fest. Sie war am 17. Oktober 1945, 3 Tage nach ihrem 35. Geburtstag, gestorben. Es war für meine Großeltern und für mich ein fürchterlicher Schock und völlig unbegreiflich. Sergej kam noch einmal vorbei. Er wusste nichts von der Schwere der Krankheit und brachte eine ganze Salami und andere Lebensmittel mit, die er bei uns ließ Er weinte. Wir haben ihn nie wiedergesehen. Da wir keinen Sarg hatten und auch nicht so schnell einen bekommen konnten, mussten wir meine Mutter erst einmal im Kohlenstall unterbringen, wo es zu der Zeit schon sehr kalt war. Meine Oma fürchtete, dass sie von den Ratten angefressen werden könnte. Ich musste immer Kohlen aus dem Stall holen, auf denen meine Mutter gebettet lag. Ich guckte jedes Mal, ob sie von den Ratten angefressen war. Es war aber nicht der Fall. Es fiel mir sehr schwer, unter meiner Mutter die Kohlen einzusammeln. Endlich, nach Tagen, hatte mein Opa einen ganz einfachen Holzkasten von einem polnischen Tischler anfertigen lassen. Zuerst gingen wir auf den Friedhof in der Friedeberger Str., auf der anderen Wartheseite und weit von uns entfernt, um eine Stelle für ihr Grab zu suchen. Es gab zwei lange, tiefe Massengräber. Dort wollten wir meine Mutter unter keinen Umständen begraben. So suchten wir zwischen anderen älteren Gräbern und fanden eine freie Stelle. Dort hoben wir ein Grab aus. In entsprechender Tiefe stießen wir auf einen Sarg. Wir wollten nicht noch einmal neu mit dem Aushub beginnen, zumal oben die Stelle auch völlig glatt war und kein Grab darunter zu vermuten war. So holten wir dann den Sarg mit meiner Mutter darin mit dem zweirädrigen Karren, den ich einmal von einem Franzosen geschenkt bekam, ab und fuhren ihn über die Brücke durch die ganze Stadt bis zum Friedhof. Wer das mal nachvollziehen will, kann das auf den Stadtplänen, die ich hinterlasse, sehr gut tun. Mein Opa und ich begruben dort meine Mutter und versahen das Grab mit einem einfachen Holzkreuz. 1965, bei meinem ersten Besuch in Landsberg, habe ich versucht, das Grab zu finden. Leider ohne Erfolg. Der Friedhof war total überwuchert, viele Steine umgestoßen und er war kaum begehbar. Für mich begann eine neue Zeit. Ich lebte jetzt bei meinen Großeltern, wieder in der Dammstr. 65. Ich nahm Arbeit bei einem polnischen Bauern auf. Wurde Stallknecht und Kuhhirte. Wir hatten inzwischen eine weiße Ziege, die wir Hanne nannten. Die Ziege und zwei Kühe des Bauern brachte ich täglich auf die Wiesen am Kanal. Abends dann zurück in den Stall. Ich hatte auch den Stall sauber zu halten und die Kühe zu tränken. Im Sommer musste ich im Garten das Obst ernten. Für meine Arbeit bekam ich Frühstück und Zloty. Diese Tätigkeit hatte ich aber schon im Sommer 1945 angenommen. 1946 begann ich eine Arbeit beim polnischen Pfarrer der Lutherkirche, die inzwischen von Katholiken genutzt wurde. Mit meinem zweirädrigem Karren holte ich zunächst von der Druckerei in der Nähe des Hauptbahnhofs etliche Stapel der Kirchenzeitung und brachte sie zum Wohnsitz des Pfarrers in der Wachsbleiche. Von dort verteilte ich sie an die Gemeindemitglieder. Später arbeitete ich mit meinem Großvater im Garten des Pfarrers. Hier pflegten wir die Bäume, pflanzten Tomaten und Gurken, Bohnen und Zwiebeln, schafften Gülle und Wasser heran und hielten den ganzen Garten in Ordnung. Dafür bekamen wir 40 Zloty im Monat. Wir hatten einen Handwagen, von dem wir die Seitenbretter abbauten. Auf dem Bodenbrett transportierten wir ein großes Fass mit Wasser, das wir von der Pumpe im Zirkus Brumbach holten. Wir mussten viele Fässer holen, um den Garten gut zu wässern. So verging der Sommer 1946. In meiner freien Zeit ging ich mit meiner Ziege Hanne auf die Wiese hinter der Kirche, wo es reichlich Löwenzahn gab, den sie besonders gern mochte. Irgendwann ließen wir die Ziege decken. Bald wurde sie trächtig und gab reichlich Milch. Der Ziegenstall war auf unserem Hof, ein festes Mauerwerk, was auch die Kälte gut abhielt. Als wir im Dezember 1946 Landsberg verlassen mussten, hatte die Ziege noch nicht gejungt. Wir haben das Tier polnischen Nachbarn geschenkt, mit denen wir uns gut verstanden haben. Wir ließen sie nicht in unserem Haus zurück. Dort wohnte nur noch die polnische Drogistenfamilie Ztschoptschak, die uns nicht wohlgesinnt war. Es waren Polen aus der Gegend von Posen. Die Bugpolen waren freundlicher, hatten sie doch das gleiche Schicksal wie wir erlebt und ihre Heimat verlassen müssen. In unsere Wohnung kamen Bauern aus der Ukraine, die uns sagten, ihr Korn sei 2 m hoch gewachsen und jetzt müssen sie hier in eine fremde Stadt ziehen. Sie seien Bauern und keine Städter. Der Krieg, vor allem aber die Siegermächte, hatten alles durcheinandergewirbelt. Viele Millionen Menschen wurden ihrer Heimat beraubt, Deutsche wie Polen waren davon betroffen.

Die Vertreibung

Irgendwann im Dezember 1946 kam die Miliz in unsere Wohnung und teilte uns mit, dass wir am nächsten Tag die Wohnung verlassen müssten. So packten wir unsere Sachen in Säcke, brachten die Ziege weg und luden alles am nächsten Tag auf unseren Handwagen. Der war hoch bepackt, weil man ja so viel wie möglich mitnehmen wollte. Der Weg war nicht weit. Von der Dammstr. 65 bis zur Mädchenschule in der Dammstr. 75. Dort luden wir alle Säcke ab und wurden in einem großen Raum untergebracht. Vielleicht 50 Leute saßen dort auf ihrem Gepäck und warteten auf das, was nun kommen sollte. Niemand wusste, wie es weitergehen sollte. Nach und nach wurden die Menschen einzeln aufgerufen und mussten in einen anderen Raum kommen, wo Polen auf sie warteten. Wir dachten zunächst, es würde sich um Formalitäten handeln, die dort zu erledigen wären. Merkten aber schon bald, was die Polen von uns wollten. Die Leute wurden aufgefordert, ihren Schmuck abzugeben. Meinem Opa haben sie den Ehering abgenommen, der schon etwa 40 Jahre an seinem Ringfinger steckte und ziemlich abgenutzt war. Das hinderte sie nicht, ihm den Ring gewaltsam vom Finger zu reißen. Wir waren dort am Vormittag eingetroffen und mussten bis zum Einbruch der Dunkelheit ausharren. Es kursierten alle möglichen Gerüchte. Niemand wusste, warum wir dort festgehalten wurden und wie es weitergehen sollte. Es war vielleicht 17 Uhr, als ein LKW vor dem Haus erschient. Wir wurden aufgefordert, unsere Habe auf diesen LKW zu verladen. Es gab einen allgemeinen Aufbruch. Die Leute strömten mit ihren Habseligkeiten der Ausgangstür zu, froh darüber, dass es nun endlich losging. Mein Opa und ich (damals 11 Jahre alt) schnappten unsere Säcke, soweit wir sie tragen konnten, und brachten sie nach draußen zum LKW. Meine Oma blieb erst mal in der Ecke des Saales sitzen und beschützte den Koffer mit den Lebensmitteln, die wir tags zuvor für die Reise gekauft hatten. Nachdem wir die Säcke alle zum LKW gebracht und uns durch das Gewühl zu meiner Oma durchgeschlagen hatten, sie war die Letzte im Raum, erfuhren wir, dass die polnische Miliz ihr den Koffer mit den Lebensmitteln entrissen hatte. Sie war total aufgelöst. Sie wusste, dass wir nun nichts mehr zu essen hatten. Die Säcke der Leute waren inzwischen alle auf dem LKW verstaut. Der fuhr dann los. Wir wurden aufgefordert, das Haus zu verlassen, und bildeten eine lange Truppe, die sich zu Fuß bei eisiger Kälte auf einen langen Marsch in Richtung Warthebrücke aufmachte. Nebenher liefen polnische Milizionäre. Der Marsch ging zu den Kasernen auf der anderen Wartheseite, die im Westen von Landsberg auf einem Hügel lagen. Dort angekommen, wurden wir in großen Räumen für die Nacht untergebracht. Alle schliefen auf dem blanken Fußboden. Betten gab es nicht. Unsere Säcke sollten wir am nächsten Tag bekommen. Am nächsten Morgen hieß es, jeder könne sich seine Säcke auf dem Kasernenhof abholen. Dort hatten der LKW und andere aus anderen Stadtteilen die Habseligkeiten der Leute abgeladen. Es war eine lange Reihe von Säcken, aus der die Menschen nun ihre eigenen herausfinden mussten. Wir fanden nur e i n e n Sack, in dem sich Federbetten befanden. Alles andere war weg, geklaut von den Polen. Zum Glück hatte mein Großvater einen Rucksack auf dem Rücken, in dem sich unsere Papiere, unsere Fotos, die Bibel, unser Geld und andere wichtige Dinge befanden. Wir sind also mit nichts (außer dem Rucksack und einem Bett und Kopfkissen) aus unserer Heimat vertrieben worden. Wir hatten auch nichts zu essen. Am frühen Morgen des nächsten Tages wurden wir zum Bahnhof in Gang gesetzt. Die meisten Leute hatten nicht mehr viel zu tragen, da sie alle ihr Hab und Gut durch Diebstahl verloren hatten. So hatte man es leichter beim Laufen zum Bahnhof. Es waren eiskalte Winternächte und -tage. Auf dem Bahnhof wurden wir zu etwa 50 Personen in einem ungeheizten Viehwaggon untergebracht. Die Leute hatten einen Kanonenofen organisiert und ein paar Kohlen, sodass sich eine leichte Wärme im Waggon verbreitete. Da wir nichts zu essen hatten, gaben uns andere Leute ein wenig von ihren kargen Mahlzeiten ab. Alle saßen oder lagen am Boden, Sitzgelegenheiten gab es nicht. Der Zug rollte zunächst tagelang in Richtung Osten, sodass wir alle glaubten, es ginge nun nach Russland. Es ging aber nur bis Posen, wo der Zug auf ein anderes Gleis gebracht wurde und sich tagelang nicht bewegte. Eines Tages jedoch rollte er wieder in Richtung Westen nach Grünberg, wo wir nach Tagen das erste Mal haltmachten. Mein Opa und ich gingen in die Stadt und kauften dort Brot und Brötchen für uns zu enorm hohen Preisen in Reichsmark ein. Mit den Gaben der anderen Leute und dem Brot aus Grünberg (Zielona Gora) konnten wir uns über Wasser halten. Es ging dann weiter in Richtung Westen. Der nächste Halt war in Forst in der Lausitz. Hier bekamen wir den ersten Kontakt zu Deutschen und die erste warme Mahlzeit, eine Suppe im Essgeschirr auf dem Bahnsteig. Wir waren wieder in Deutschland. Ein unbeschreibliches Glücksgefühl, nach all den Entbehrungen, Demütigungen und Leiden.

Meine Großeltern Helene und Albert Risto

Ich habe bemerkt, dass ich über meinen Opa nur wenig berichtet habe. Er stammt aus einer Bauernfamilie, die in Klein Mirkowitz in der Nähe von Wongrowitz (bei Posen) einen Bauernhof hatte. Sie waren 12 Geschwister. Sein Bruder Karl hatte eine Bäckerei in Schwerin an der Netze, seine Schwester wohnte in Potsdam-Babelsberg, seine Schwester Klara, verh. Wartowiak (?) wohnte in Bln.-Wilmersdorf, sein Bruder Otto Risto war Lokführer und wohnte in Neustadt an der Dosse, sein Bruder Arnold wohnte in Berlin. Mein Opa (geb. am 15.12. 1877 und gest. im Mai 1956 in Ribnitz) hatte den Beruf eines Fleischers gelernt. Er musste bei seinem Lehrmeister auf dem Dachboden schlafen um jederzeit zur Verfügung zu stehen. Oftmals ging es früh um 3 Uhr zu den Bauern, wo Schweine aufgekauft wurden. Das musste deshalb so früh sein, damit sie nicht heimlich zusätzliches Gewicht durch Fressen und Tränken bekamen. Der Kaufpreis richtete sich ja nach dem Gewicht. Die Bauern waren auch nicht ohne und gaben den Schweinen in der Nacht vor dem Verkauf reichlich Wasser zu saufen, sodass das Gewicht verfälscht wurde. Nach der vierjährigen Lehrzeit ging mein Großvater sofort nach Dresden zu einem großen Schlachthof. Dort wurden täglich 600 Schafe geschlachtet. Später erlernte er zusätzlich den Beruf eines Kochs, was ihm eine Anstellung als Koch im Deutschen Schauspielhaus in Dresden einbrachte. Dort beköstigte er einmal König Albert von Sachsen. Der fand so viel Gefallen an dem Essen, dass er sich nach dem Koch erkundigte. So kam es, dass mein Opa danach des Öfteren für König Albert von Sachsen kochte. Später ging er nach Berlin, wo er für Aschinger arbeitete. Das war eine große Restaurantkette, die in dem Hause, wo mein Opa arbeitete, allein acht Säle betrieb. Er sagte mir mal, es war immer Tanz in allen Sälen, besonders groß war der Kaisersaal. Dort war er erster Koch und Küchenfleischer. Von dort ging er 5 Jahre nach Oslo in das Grand-Hotel, wo er ebenfalls als erster

Koch und Küchenfleischer arbeitete. Er war immer noch Junggeselle, verlobte sich mit einer Schwedin und besuchte mehrmals Stockholm. Er war in Bergen und Narvik und in der nördlichsten Stadt Hammerfest. Nun reizte ihn wohl irgendwann die Ferne. Er hatte von einem Hotelneubau in Johannesburg (Südafrika) gehört und bekam dort eine Anstellung als Koch zugesagt. So machte er sich (etwa 1905) auf den Weg nach Südafrika mit einem Schiff, auf dem er sich als Heizer, Tellerwäscher und Ähnliches verdingte. Er landete in Durban. Als er in Johannesburg ankam, gab es das Hotel noch gar nicht, der brasilianische Unternehmer war inzwischen Pleite gegangen. So war er genötigt, sich als Koch und mit jeder anderen Arbeit durchzuschlagen. In der Wüste Kalahari verlobte er sich mit einer schwarzen Häuptlingstochter, der Vater hatte bereits die angemessene Ziegen- und Schafherde als Mitgift bereitgestellt. Im letzten Moment zog es mein Opa jedoch vor, sich zu verkrümeln. Er war wohl nicht so sehr darauf versessen, in der Kalahari Wurzeln zu schlagen. Irgendwann verließ er Südafrika. Natürlich mit einem Dampfschiff, auf dem er als Kohlentrimmer anheuerte. Sie liefen die Häfen von Daressalam, Sansibar und Aden an, fuhren durch den Suezkanal bis nach Neapel und Genua, bevor sie in Hamburg an Land gingen. Auf irgendeine Weise hatte er schon früher meine Großmutter Helene Nickel aus Hohensalza kennengelernt. Er kam dorthin und wollte, vielleicht sollte er auch, meine Oma heiraten. Zwischenzeitlich war aus Norwegen vom Grand-Hotel ein Telegramm eingegangen, in welchem das Hotel anfragte, ob er sich eine erneute Dienstzeit in Oslo vorstellen könne. Meine Urgroßmutter und meine Oma verheimlichten ihm dieses Telegramm, denn sie wollten ihn in Deutschland halten und ihn endlich zu einer Heirat mit meiner Oma bewegen. Er war damals schon 31 Jahre, meine Oma mal gerade 20. Es war also im Jahre 1908 oder 1909, als sie heirateten. 1910 wurde meine Mutter geboren, ihre Schwester vielleicht ein Jahr später, sie starb schon mit drei Jahren. Meine Großeltern hatten sich zu dieser Zeit in Berlin-Moabit eine Existenz aufgebaut. Sie betrieben eine Berliner Eckkneipe.

Opas Gaststätte, meine Mutter an seiner Hand, Berlin 1912

Es war vor allem für meine Oma eine harte Zeit. Sie hatte zwei Kinder zu betreuen, die Küche der Gaststätte und den Haushalt. Und das als schmale, schlanke junge Frau aus guter Familie mit der Bildung der Höheren Töchter-Schule (Lyzeum). Im August 1914 wurde mein Opa eingezogen. Von da an hatte meine Oma die Kneipe allein am Halse. Nach 2 Jahren mehrten sich die Einbrüche und Gewalttaten in Berlin. Meine Oma bekam Panik. Eines Tages im Jahre 1916 schloss meine Oma die Kneipe ab und verließ mit ihrer Tochter Berlin in Richtung Hohensalza, wo sie bei ihren Eltern Aufnahme fand. Die Eltern betrieben dort ein Fuhrgeschäft. Der Bruder meiner Oma, Alfred, war dort Besitzer einer Essig- und Mostrichfabrik (wohl aber erst später, denn ich besuchte die Fabrik etwa 1942). Nach Ende des 1. Weltkrieges mussten meine Großeltern sich eine neue Existenz aufbauen. Sie taten das in Landsberg a.W., weil Deutschland durch den Versailles-Vertrag sowohl Westpreußen als auch die Provinz Posen verloren hatte. Landsberg gehörte zur Mark Brandenburg und war damit sicheres deutsches Gebiet. Wer konnte ahnen, dass auch die Neumark eines Tages für Deutschland verloren sein würde? Einen polnischen Staat gab es seit der 3. polnischen Tei-

Opa auf Tour über Land

lung schon 120 Jahre nicht mehr, erst im Ergebnis des 1. Weltkrieges wurde der Staat Polen neu gegründet. Jedenfalls nahmen sie dort eine Wohnung und mein Opa schaffte sich einen Opel-Blitz als Lieferwagen an, mit dem er täglich über Land fuhr und bei den Bauern Wolle und Strümpfe verkaufte.

Da er gelernter Fleischer war, schlachtete er bei den Bauern vor allem das Kleinvieh (Kaninchen, Hühner, Ziegen, Schweine, manchmal auch Kühe und Schafe). Daraus entwickelte sich ein gutes Geschäft. Als Lohn für seine Arbeit bekam er meistens das Fell der geschlachteten Tiere und etwas Essbares, z. B. Fleisch, Eier, ein Huhn o. Ä. So sammelten sich über 6 Monate manchmal Tausende Felle an, die er an die Sternwollspinnerei in Leipzig verkaufte. Im Januar 1945 waren es allein 10 000 Kaninchenfelle, mehrere Ziegenfelle, Schafsfelle, Rehe und Füchse, die er auf seinem Fellboden gelagert hatte, als dieser am 30.01.1945 von den Russen in Brand gesetzt wurde. Mein Opa hatte dann im Oktober 1945 den Tod meiner Mutter zu verkraften und die Vertreibung 1946, die Lager in Bitterfeld und Stralsund, die entwürdigende Unterbringung in einem einzigen Zimmer für uns alle drei, die schwere TBC-Erkrankung meiner Oma im Jahre 1949 mit 1 1/2-jährigem Krankenhausaufenthalt im Klosterkrankenhaus in Ribnitz. Dennoch sorgte er unentwegt für uns, schaffte unser Essen und das Feuerholz heran. Bis ihn dann selbst eine schwere Krankheit ereilte. Sie begann schon, als ich noch in Ribnitz war, und weitete sich mehr und mehr aus. Es war eine schleichende Arterienverkalkung mit immer länger anhaltenden Gedächtnisstörungen und Wirrzuständen. So um 1953/1954 waren es etwa 2 Stunden am Tag, an denen er nicht klar bei Verstand war. Da behauptete er z. B., Oma wäre nicht seine Frau oder wir würden bald alle wieder nach Landsberg gehen usw. Danach wusste er nichts mehr von diesen Äußerungen. Die Störungen dehnten sich immer weiter aus, bis sie dann schon den ganzen Tag anhielten. Er wurde dann bettlägerig, machte unter sich und war völlig wirr im Kopf. Er starb im Mai 1956 im Alter von 78 Jahren. Ich war zur Beerdigung in die DDR gekommen. Meine Oma war nun endlich von ihrem schweren Schicksal befreit, denn sie hatte ja die ganze Last der Betreuung des schwer kranken Mannes allein zu tragen. Ich war seit 1954 im Westen. Sie selbst war eine schwache, ganz schmale Frau, die schon große Schwierigkeiten hatte, den Opa im Bett, wenn er unter sich gemacht hatte, auch nur umzudrehen. Dazu fehlte ihr die Kraft. Sie lebte danach noch 4 Jahre bis zum 1. Dez. 1960 allein, zeitweilig war auch ich in der kleinen Wohnung untergebracht, bis ich eine eigene Bleibe bekam. Die Zeit, als ich wieder in Ribnitz war, war für sie wunderbar, hatte sie doch ihren Enkel wieder bei sich. Wir sahen uns anfangs täglich, später weniger, weil ich dann geheiratet hatte (01.03.1958) und beim Konsum arbeitete. Ich war es, der sie am 01. Dezember 1960 gegen 16 Uhr tot in ihrem Bett fand. Ich war schon einmal am Vormittag bei ihr. Sie bat mich, ich möge doch die Fensterladen von außen schließen. Ich fand das widersinnig. Es war Vormittag und außerdem ziemlich dunkel am 1. Dez. Nach kurzer Diskussion tat ich aber, worum sie mich bat. Es ließ mir aber keine Ruhe und so fuhr ich mit dem Motorrad wieder zu ihr zurück. Wir hatten an diesem Tag gerade Bananen bekommen, ich nahm ihr welche mit. Der

Raum war um 16 Uhr dunkel und ich musste mich zum Lichtschalter vortasten, ich rief Oma, bekam aber keine Antwort. Als das Licht anging, sah ich sie auf dem Bett liegen, das rechte Bein hing heraus, so war sie ruhig eingeschlafen. Vorher hatte sie noch zwei Bonbons auf den Tisch gelegt, so als wollte sie jedem von uns noch einen geben. Das war auch ihr ganzes Wesen, ihr Glaube und ihre Lebensphilosophie, anderen zu geben, mit den Menschen zu teilen, auch das letzte Stück Brot. Sie war sehr warmherzig, mitfühlend und hilfsbereit. Eine gute Seele, die ich in meinem Leben niemals vergessen und deren Andenken ich stets achten und hochhalten werde. Vielleicht schaut sich ja mal eines meiner Enkelkinder die Fotos meiner Oma an und versucht, sich in die Lage von damals zu versetzen, wo sie es beide so schwer hatten und dennoch ihre ganze Liebe mir, ihrem Enkel, schenkten und es mich nie spüren ließen, dass ich „nur" ihr Enkel war. Mit meiner Oma ging der letzte Mensch in meinem Leben, der mir nahestand, der immer für mich da war, der mich pflegte, wenn ich krank war, der mir Rührei ans Krankenbett brachte und für meine Jungenstreiche immer Verständnis hatte. Sie war eine wahrhaft großartige Frau!

Bitterfeld-Leißling

Nun zurück zu unserer Ankunft auf dem Bahnhof in Forst im Dezember 1946. Der gesamte Transport ging von Forst weiter nach Bitterfeld, wo wir in ein (Entlausungs-) Lager kamen. Wir wohnten dort mit etwa 20 bis 30 Personen in einem Raum. In der Mitte stand ein Toiletteneimer und darüber brannte eine Glühbirne. Dort verlebten wir Weihnachten 1946. Heiligabend gab es irgendein Essen mit Stampfkartoffeln. Ein wahrer Genuss nach der langen Zeit der Entbehrungen. Sonst aber war das Essen sehr knapp, wir hungerten teilweise. Ab und zu schlichen sich mein Opa und ich aus dem Lager (unter dem Zaun hindurch), um in der Umgebung etwas zum Essen aufzutreiben. Einmal gab uns ein Bäcker ein halbes Brot, wir waren überglücklich. Der Winter war extrem kalt, wir froren in dem großen Raum ständig. Anfang Januar hieß es dann plötzlich, wir sollen weg in ein Dorf bei Weißenfels. Es wurde wieder ein ganzer Transport zusammengestellt. Die Leute mussten mit ihrem Gepäck an die Bahnstrecke laufen und dort auf freier Strecke Stunden warten, bis endlich der Zug kam. Der war auch eisig kalt. Da hat mir meine Oma so richtig leidgetan. Sie saß mit dem Gepäck auf freiem Feld bei eisiger Kälte und war schon vorher krank. Als Kind habe ich das alles besser verkraftet. Gegen Abend setzte der Zug sich dann in Bewegung – ohne allerdings warm zu werden. Gegen 23 Uhr etwa kamen wir in Leißling bei Weißenfels an und wurden alle zusammen in der Turnhalle neben dem Bahnhof untergebracht. Dort war es warm und wir bekamen etwas zu essen. An einem der nächsten Tage erhielten wir ein Quartier in der Niederaue 4 bei Bauer Loth. Ein Zimmer ohne Wasser, ohne Waschgelegenheit und ohne Klo. Es gab aber eine Kochgelegenheit, sodass wir uns wenigstens etwas zu essen kochen bzw. warm machen konnten. Das Klo war ein Holzhäuschen über den Hof direkt am Misthaufen. Lange konnte man da nicht sitzen, sonst wäre einem der Hintern abgefroren. Es war ja immer noch eisiger Winter. Ich musste nun wieder in die Schule gehen, erstmals nach mehr als 2 Jahren Unterbrechung. Es war eine sog. Zwergschule, wo es nur 2 Klassen gab. 1. bis 4. Kl. und 5. bis 8. Kl. Ich kam mit meinen 11 ½ Jahren in die höhere Klasse. Ich kann mich gut daran erinnern, dass wir schöne Ausflüge in die herrliche Umgebung gemacht haben. Z.B über Saale und Unstrut mit dem Shiff zur Burg nach Freyburg an der Unstrut, aber auch zu Fuß in die nähere Umgebung. Damals sangen wir das schöne Lied „Im Frühtau zu Berge …". Zu festlichen Veranstaltungen standen die Klassen auf dem Schulhof und sangen das Lied „Wir sind jung, die Welt ist offen …". Ich erwähne die Lieder, weil sie mir damals so sehr gefielen und so eine Art Gemeinschaftsgefühl vermittelten, was wir Flüchtlinge, ja überhaupt die ganze Kriegsgeneration, so bitter nötig hatten. Man hatte uns doch verkauft und verraten. Durch Hitler haben wir unsere Heimat verloren. Meist auch den Vater, manchmal – wie bei mir – auch noch die Mutter. Wir besaßen nichts mehr und waren auf die Gnade und Hilfe anderer Menschen angewiesen, die uns reichlich zuteilwurde. Das war wiederum das Schöne dieser Zeit. Die Menschen waren offen für das Leid anderer und halfen, so wie jeder konnte. Wir sind in der Zeit in Leißling sehr viel hamstern gegangen. In ziemlich entfernte Dörfer. Wir mussten halt den Weißenfelsern und Naumburgern ausweichen, die ja auch zu den Bauern über Land gingen, um Lebensmittel zu erbetteln. Die Bauern waren damit total überfordert, sie konnten einfach nicht allen Leuten reichlich geben. Manche, gerade auch in Leißling, hatten ihre Hoftore verschlossen und die Hunde frei laufen lassen. Um in der Gegend ein Tor zu öffnen, musste man mit der Hand unter das Tor greifen und einen hölzernen Hebel seitlich verschieben. Darauf lauerten schon die Hunde, um mit wildem Gekläff ans Tor zu stürzen. Das hielt natürlich Hamsterer ab, dort um etwas zu bitten. Gott sei Dank gab es nicht nur solche Bauern. Mein Freund Peter Kloß und ich waren bald täglich unterwegs und bekamen von den Bauern entfernterer Dörfer ein Ei und eine Kartoffel, oder auch mal eine Mohrrübe. Wenn wir 20 oder 30 Gehöfte abgeklappert hatten, waren unsere Behälter gefüllt und unsere Familien konnten wieder ein paar Tage davon leben. Sämtliche Lebensmittel waren damals rationiert, das heißt, es gab sie nur auf Lebensmittelkarten und in viel zu kleinen Mengen. Das reichte nicht, um sich zu ernähren. So suchten wir nach anderen Ernährungsquellen. Neben unserem Zimmer im Obergeschoss des Hauses standen zwei Säcke mit Kleie. Die Sackenden waren nach außen aufgerollt, sodass der Inhalt äußerst einladend vor uns lag, wenn wir unsere Stube betraten oder verließen. Mit Hunger im Magen konnte das nicht lange gut gehen. So nahmen wir uns häufig kleine Portionen aus diesen Säcken. Der Sackinhalt wurde immer weniger. Wir mussten die Enden immer mehr aufrollen, damit es nicht so auffiel. Ich hatte bald Angst, der Bauer würde es merken und die Säcke wegnehmen und uns rauswerfen oder anzeigen. In meiner Fantasie stellte ich mir alle schlimmen Varianten vor. Doch – es passierte nichts! Als wir im September 1947 Leißling verließen, waren die Säcke noch etwa zu 2/3 gefüllt. Sie standen immer noch da und auch der Bauer hat kein Wort darüber verloren. Ich glaube, er wusste, dass wir nur aus Hunger stahlen, und duldete es großzügig. Ich ging viel baden und angeln in einem nahen Gewässer. Dort gab es viele schöne Schleie. Man konnte sie von den Brüstungen der Bootshäuser in dem klaren Wasser gut sehen. Sie schwammen zu zweit bis zu 5 oder 6 direkt unter uns vorbei. Sozusagen zum Greifen nahe. Im Badesee durfte nicht geangelt werden, wohl aber im benachbarten Gewässer. Dort hielt ich dann auch oft meine Angel rein. Als Köder wurde immer ein Heuhopser verwendet. Einmal, an einem warmen Sommertag, lag meine Pose im trüben Wasser, das dicht mit Algen übersät war. Es war bestimmt schon eine Stunde vergangen, als plötzlich Bewegung in die Pose kam. Sie zog und zog seitlich schräg nach unten. Als ich meine Angelrute hochriss, spürte ich den erheblichen Widerstand eines großen Fisches. Nach längerem Kampf gelang es mir, ihn an Land zu ziehen. Es war ein Schlei von vielleicht 3 bis 4 Pfund. Riesige Freude! Ich ging gleich nach Hause. Meine Oma sagte, sie könne mit dem Fisch nichts anfangen. Es fehlen uns sämtliche Zutaten und Töpfe. Da kam ich auf den

Gedanken, den Fisch unserem Bauern anzubieten und dafür ein Brot zu erbitten. Man muss wissen, wir haben die Bauersleute nur selten zu Gesicht bekommen und waren noch niemals in ihren Räumen. Wir lebten völlig getrennt von ihnen. Es gehörte schon einiger Mut dazu, dem Bauern ein solches Geschäft vorzuschlagen. Ich tat es und hatte Erfolg. Ich bekam ein großes Bauernbrot für den Fisch. Einmal sollte ich etwas aus dem Konsum holen und bekam dafür die Lebensmittelkarten von uns dreien mit. Irgendwie war ich aber doch durch Spiele und andere Kinder abgelenkt und merkte im Laden, dass die Lebensmittelkarten weg waren. Die sollten aber den ganzen Monat reichen. Oh je, das war schlimm. Ich musste es zu Hause natürlich beichten. Mein Opa machte sich gleich auf den Weg, um sie zu finden. Aber sie blieben weg. Jetzt mussten neue beantragt werden. Man glaubte ihm den Verlust nicht. Ich weiß nicht, wie das ausgegangen ist, aber verhungert sind wir ja nicht. Einmal verreiste mein Opa bis nach Ribnitz zu der Fam. Kuhrke, die in Landsberg eine Schuhmacherei hatte. Sie war dort untergekommen und Opa wollte wohl auch nach Ribnitz, weil die Lebenslage dort besser war. Unterwegs besuchte er seinen Bruder in Neustadt an der Dosse und seine Schwester in Babelsberg. In dieser Zeit erkrankte meine Oma ganz schwer. Sie lag den ganzen Tag im Bett und hatte hohes Fieber. Sie rührte sich gar nicht mehr und sprach auch nicht, sodass ich glaubte, sie sei tot. Ich traute mich nicht nach Hause, weil ich Angst vor einer solchen Situation hatte. In der kalten Jahreszeit hatten wir einen Eimer im Zimmer, auf dem wir unsere Notdurft verrichteten. Er war immer mit Wasser gefüllt. Jetzt, während der Krankheit meiner Oma, wurde er von ihr auch wieder benutzt. Man kann sich vorstellen, wie erbärmlich das alles war. Ich habe diesen Eimer, wo dann alles oben schwamm, oft nach unten auf den Misthaufen gebracht. Es fiel mir nicht immer ganz leicht. Meine Oma wurde aber wieder gesund. Darüber war ich sehr froh. An die Schule habe ich wenige Erinnerungen. Ich glaube, wir haben da nicht viel gelernt. Im Winter kamen meine Freunde mit dem Schlitten zur Schule. Sie wohnten auf dem Kirchberg, der im Winter wie eine Eismulde war. Den sausten sie mit dem Schlitten hinunter und landeten bis vor der Schule, die in der Mitte des Dorfes lag. Diese Freunde waren auch aus Landsberg. Schon dort verkehrte ich mit ihnen. Bis Weihnachten 1944 waren wir sehr eng befreundet. Ich weiß noch, wie der Vater eingezogen wurde. Wir besuchten ihn einmal in der Kaserne in Landsberg. Es war derselbe Kasernenkomplex, in dem wir damals eine Nacht vor unserer Ausweisung verbrachten. Wir wohnten nicht mehr so nah beieinander, sodass wir uns aus den Augen verloren. Erst während und nach der Vertreibung kamen wir wieder zusammen. Ich glaube, die Wickerts waren drei Jungens mit der Mutter und Walter Kraft, der auch in unserem Alter war. Sie bezogen in Leißling ein Gartenhaus auf dem Kirchberg. Die Mutter nahm auch Verbindung zu der Sieben-Tags-Adventisten-Gemeinde in Weißenfels auf. Meine Oma war seit ihrer Jugend Mitglied dieser evangelischen Sekte und nahm auch gleich wieder in Weißenfels Kontakt zu der Gemeinde auf. Es war in hohem Maße ihr Lebensinhalt, Gott in dieser Gemeinde zu dienen. Die „Adventisten" sind eine Sekte, die sich näher zu Gott fühlt als der normale evangelische Christ. Die ev. Christen gehen in die Kirche, wann sie wollen oder auch gar nicht, sie beten manchmal oder auch nicht. Die „Adventisten" wollten den innigen Bezug zu Gott haben. Sie hielten täglich Andacht und beteten zu Gott. Sie aßen keine Trichinenträger (Pferd, Schwein) und feierten den Sabbat (Samstag), ähnlich wie die Juden. Samstagarbeit war verboten und wurde von der DDR akzeptiert. Die Gemeinde in Weißenfels wie in ganz Deutschland erhielt ganze Waggonladungen Lebensmittel- und Sachspenden aus Amerika, die unter den Mitgliedern verteilt wurden. Wir bekamen Schokolade, eine absolute Rarität, Sachen zum Anziehen, z. B. erhielt ich meine erste Niethose (Jeans), die ich, nachdem sie an den Beinen verschlissen war, als kurze Hose weiter trug. Mein Opa wurde alsbald Mitglied in der Gemeinde. So bekam er auch Sachen aus Amerika. Allerdings hielt er sich nicht so sehr an die Gebote der Adventisten. Pferd und Schwein waren keine Tabus für ihn. Manchmal gingen wir schon früh um 5 Uhr nach Weißenfels (5 km), um uns beim Rossschlächter anzustellen. Später erzählten wir unserer Oma, wir hätten schönes dunkles Rindfleisch erstanden, von dem sie dann auch mit Genuss aß, obwohl es Pferdefleisch war. Wir wollten nicht, dass sie Hunger leidet, und haben deshalb zusammengehalten. Mein Opa hatte inzwischen mit Familie Kuhrke in Ribnitz vereinbart, dass wir dort hinziehen und zunächst bei ihnen wohnen können. So bereiteten wir unseren Aufbruch in Leißling vor. Ich war noch fleißig in die Apfelnachernte auf den schönen dort vorhandenen Streuwiesen gegangen. Das bedeutet, die Äpfel von den Bäumen zu holen, die bei der Ernte hängen geblieben waren, weil man sie nicht erreichen konnte. Dabei habe ich mehrere Säcke voller Äpfel „erbeutet". Davon konnte nur ein Sack mit den besten Äpfeln und unsere wenigen Habseligkeiten mit auf die Reise genommen werden. 1947 konnte man allerdings nicht von einer Reise reden. Es war vielmehr eine Abenteuerfahrt. Man muss sich vorstellen, Züge fuhren dann, wenn sie Kohlen bekamen, also nicht etwa nach Fahrplan. Sie waren hoffnungslos überfüllt. Die Menschen standen aufs Engste zusammengedrängt, z. T. auch draußen auf den Trittbrettern. Wir waren allerdings mitten im Zug mit unserem Gepäck. Stehend bewältigten wir die Strecke bis Halle an der Saale. Dann hieß es umsteigen nach Rostock. In Rostock wollten wir ein Lager aufsuchen, um eine erneute Einbürgerung zu bekommen. Wir hätten so getan, als kämen wir gerade aus dem Osten. Da hatten wir in Rostock allerdings Pech, es gab dort kein Auffanglager. Wir mussten – inzwischen war es Abend geworden – weiterreisen nach Stralsund. Also weiter mit Sack und Pack nach Stralsund. Vom Bahnhof bis zum Lager mussten wir laufen, die Säcke zogen wir hinter uns her, nun aber schon völlig erschöpft. Meine halbkranke Oma und mein Opa mit 70 Jahren. Im Lager fanden wir Aufnahme. Wir blieben dort vier Wochen. Wieder mit Entlausung und allem Drum und Dran, wenig Essen, große Schlafräume, Behördengänge. Offiziell waren wir ja gerade aus dem polnischen Osten gekommen. Ich weiß noch, dass wir damals ein Kommissbrot auf dem Schwarzen Markt für 48 Reichsmark erstanden haben. Wir lebten von den Ersparnissen meines Großvaters, die er noch rechtzeitig vor dem Einmarsch der Russen in Landsberg von der Bank abgehoben hatte. Davon lebten wir nun aber schon seit unserer Ankunft in der SBZ. Rente bekamen meine Großeltern bis zu ihrem Tode nur 105 Mark im Monat (beide zusammen). Die Zeit im Lager Stralsund ging zu Ende. Ich weiß noch, es war ein heißer Sommertag, etwa Ende August oder Anfang September. Wir kamen in Ribnitz auf dem Bahnhof an und nahmen ein 1 PS-Taxi. Ich sehe uns heute noch auf dem sehr kleinen Pferdewagen auf unseren Sachen sitzen und durch die holprige, kopfsteingepflasterte Lange Straße in Ribnitz äußerst gemächlich dahinrattern. Ein paar wenige Leute auf der Straße schauten auf, sonst nichts. Wie gesagt: Ein heißer Tag, die Stadt wirkte verschlafen, ruhig. So kamen wir bei Familie Kuhrke in der Grünen Straße an. **Das 1. Mal in Ribnitz** Wir wohnten einige Tage bei Kuhrkes. Dann bekamen wir ein Zimmer im Hause August-Bebel-Str. 57 („Die grüne Villa") bei Familie Johanni zugewiesen. Herr Johanni war Fluglehrer in Pytnitz, aber schon im Westen. Nur Frau Johanni und Sohn Jonny hielten noch die Stellung, wohl abwartend, was nun im Osten passiert. Immerhin hatten sie ja das schöne Haus. Jonny war etwa 2 Jahre älter als ich, ziemlich kess, dreist und wenig rücksichtsvoll. Wir wohnten dort etwa ein Jahr, in einem kleinen Zimmer zu dritt. Ein Einzelbett, ein Doppelstockbett, ein Kanonenofen mit Rohr durch die Fensterscheibe und ein winziger Tisch war die „Ausstattung" des Raumes. Außer dem Kanonenofen, auf dem wir auch kochten, gab es keine Heizung. Wir kamen im September dort an. Ich musste nun in die Schule und kam in die 5. Klasse. Hatte aber die 4. Kl. damals in Landsberg noch gar nicht abgeschlossen. In Landsberg war vor Weihnachten 1944 Schluss mit dem Unterricht. In Leißling habe ich in der Schule zusammen mit Schülern anderer Jahrgänge nicht viel gelernt. So hatte ich es am Anfang sehr schwer, obwohl ich älter war als die meisten Schüler. Meine Mitschüler hatten nicht wie ich zwei Schuljahre versäumt. Dennoch fand ich mich bald gut ein und gewann gute Freunde. In den ersten Jahren war Wolfgang Österreich mein bester Freund. Er hatte noch eine einigermaßen intakte Familie. Das war für mich immer ganz wichtig. Ich hatte ja nur meine schon viel zu alten Großeltern, die zwar gut zu mir waren, mir aber nicht den Umgang mit Menschen im mittleren Alter bieten konnten. Österreichs hatten zwar auch den Vater im Krieg verloren. Aber es gab noch die Mutter, ihre Schwester und Wolfgangs Bruder Jürgen. Frau Österreich ging arbeiten. Sie stand im Leben und war für mich so etwas wie eine Bezugsperson. Sie hat mich einmal sehr gelobt, indem sie Wolfgang darauf hinwies, wie pfleglich ich mit meinen Sachen umginge und wie oberflächlich er seine Sachen behandele. Kunststück: Ich wusste, ich konnte mir über Jahre kein neues Stück leisten. Ich war also regelrecht gezwungen, meine Kleidung gut zu erhalten. 1947/1948 war allerdings von der Beziehung zu Jonny Johanni geprägt. Ich bewunderte ihn ungemein. Er war cool, würde man heute sagen. Ihn konnte nichts erschüttern. Im Sommer bauten wir ein Segelboot für den Bodden, im Winter einen Segelschlitten, mit dem wir mit 60 Sachen über den Bodden fegten. Ich verbesserte meine Fähigkeiten beim Schlittschuhlaufen ganz erheblich. Daneben ging ich auch noch viel angeln. Einmal waren wir in der Frühe an der Ostsee und holten von einem Fischer einen ganzen Eimer mit Sprotten, die wir anschließend auf unserem Hof zusammen mit Jonny in einem selbst errichteten Ofen räucherten. Die kleinen Fischchen schmeckten wirklich gut. Einmal war Jonny mit noch jemandem in der Waschküche und rief so nebenbei, ich möge doch bitte sie Zange aus der Garage holen, sie liege auf dem Schraubstock. Für mich ganz selbstverständlich ging ich in die Garage, sah die Zange und wollte sie anheben. Da bekam ich einen elektrischen Schlag. Er hatte den Schraubstock bewusst elektrisch angeschlossen, um mich zu erschrecken. Der Schlag war ziemlich heftig und für mich nicht ganz leicht zu verkraften. Aber, das war typisch für Jonny. Meist tobten wir draußen herum, Sommer wie Winter. Wir spielten Fußball, Handball, murmelten, hatten einen Kreisel mit Peitsche, manchmal einen Stoffball, mit dem wir kickten. Außerhalb unseres Zimmers eine schöne Zeit. Klar, es gab wenig zu essen, kaum etwas anzuziehen, aber viel Spaß. In der Umgebung gab es viele Kinder, mit denen ich spielte. Dazu kamen die Klassenkameraden. An mein armes Zuhause durfte ich nicht denken. Ich konnte einfach nie jemanden zu mir einladen. 1948 zogen wir dann ein paar Häuser weiter. Es war immer noch die August-Bebel-Straße, aber wir hatten jetzt 2 große Zimmer und Küchenbenutzung sowie einen Stall, in dem wir Kaninchen hielten. Das war eine erhebliche Verbesserung. Jetzt musste ich, nun auch älter geworden (13 Jahre), meinem Großvater viel helfen. Vor allem beim Holzholen. Wir nahmen den Handwagen und liefen bis nach Freudenberg (ca. 4 km) in den Wald, wo wir altes Holz sammelten bzw. fällten. Wir beluden damit den Wagen und los ging's zurück nach Ribnitz. Das dauerte fast den ganzen Tag. Das Ganze wiederholte sich mehrmals in der Woche. Dazu kam das Sicheln von Gras für die Kaninchen, das Ährenlesen und Kartoffelstoppeln. Ich war dabei ganz eifrig und freute mich riesig, wenn ich größere Mengen Ähren und Kartoffeln „geerntet" hatte als der Großvater. In der Schule hatte ich keine Probleme, gehörte zu den besseren Schülern. Im Frühjahr 1949 wurde ich „eingesegnet". Das fand in der „Siebententags-Adventisten-Gemeinde" in Rostock statt. Dort erhielt ich auch eine „Ausstattung". Hose, weißes Hemd und ein Paar Schuhe. Ich war ganz stolz. Am Nachmittag war ich schon wieder zurück in Ribnitz und ging in meiner neuen Montur auf den Sportplatz, der quasi vor unserer Tür lag. Irgendwie hänselte man mich wegen der neuen Kleidung, die ich trug, obwohl ich selbst doch so stolz darauf war. In der Freizeit tobten wir meist auf dem Sportplatz, der im Park uns gegenüber lag. Aber auch baden und angeln gehörte zu meinen Lieblingsbeschäftigungen. Am Freibad, das es heute nicht mehr gibt, hatte der Fischer Jobst sein Domizil. Dort setzte er seine Kähne ein, hing seine Netze auf und teerte sie. Es war eine beschauliche Zeit. In der Schule lernten wir sehr viel über die Mecklenburger Heimat, die Tiere, die Pflanzen, die Küste und die Geschichten aus der Vergangenheit. Von besonderer Bedeutung und voller Humor wurde uns Fritz Reuter von den Lehrern nahegebracht. Ein Platt-Deutscher Dichter mit wunderbaren Versen und Humoresken, die man einfach gelesen haben muss. Im Körkwitzer Weg in Ribnitz gab es die Bachmann-Flugzeugwerke, die allerdings inzwischen zertrümmert waren. Wir wurden von der Schule beauftragt, dort, aber auch woanders, Buntmetalle zu suchen und abzuliefern. Das Blei, was wir in Form alter Wasserrohre fanden, nutzten wir für unsere Katapulte und gossen daraus „Munition". Das waren Bleisplitter, die ziemlich scharfkantig waren und Menschen und Tiere verletzen konnten. Natürlich waren wir manchmal auch kleine Tunichtgute. Ein Katapult besaß einfach jeder Junge. In der Schule mussten wir manchmal die Taschen leeren, Katapulte wurden uns von den Lehrern weggenommen. Einmal schossen wir in unserer Straße auf ein Eichhörnchen, so lange, bis wir es getötet hatten. Am nächsten Tag in der Schule, gleich zur ersten Stunde, hatten wir Unterricht bei unserem Klassenlehrer Bieck (Neulehrer und ziemlich jung). Er kam in die Klasse und sagte als Erstes: „Wir haben zwei Mörder unter uns!" Österreich und ich ahnten schon, worum es ging. Dann legte er los! Was für schlimme Bengels wir wären, ein Eichhörnchen zu töten usw., usw. Dann schlug er mit beiden Händen auf uns ein, immer links und rechts Ohrfeigen in schneller Folge hintereinander. Das war vor der Gründung der DDR noch erlaubt. In dieser Zeit bekam meine Oma TBC und musste ins Krankenhaus. Sie lag im Klosterkrankenhaus in Ribnitz und wir glaubten, dass sie nicht mehr heimkehren würde. So nahm mein Opa eine kleinere Wohnung in der Grünen Straße 3 im Zentrum der Stadt. Ein Zimmer und eine kleine Küche im Erdgeschoss. Dort lebten wir beide zunächst allein. Meine Oma war etwa 18 Monate im Krankenhaus und wurde 1950 entlassen. Sie kam nun auch in unsere kleine Wohnung. Im Wohnzimmer hatten meine Oma und ich je ein Bett und in der Küche hatte Opa sein Bett. Alle Betten hatten Strohunterlagen und waren voller Flöhe. Jeden Tag waren meine Beine mit Flohstichen übersät. An dem einzigen Tisch in der Wohnung wurde gegessen, Schriftkram erledigt und dort machte ich meine Schularbeiten und bastelte an einem Radio, was auch zu meinen Hobbys gehörte. Die Wohnung hatte einen Ofen und einen Gaskocher für unsere Essenszubereitung. Das Klo war auf dem

Hof (Plumpsklo). Die Außenwand war feucht. Man konnte mit einem Lappen das Wasser aufnehmen, der Lappen war zum Auswringen nass, aber die Wand kaum trockner. Das war natürlich absolut gesundheitsschädlich, vor allem für meine Großmutter mit ihrer gerade überstandenen TBC. Ich war nun in der 8. Klasse und war ein recht guter Schüler, trotz der widrigen Umstände, unter denen ich aufwuchs. Meine Großeltern konnten mir nicht helfen. Ich war mit den Schularbeiten und auch sonst völlig auf mich allein gestellt. Daran gewöhnt man sich aber. Lesen war für mich eine wichtige Freizeitbeschäftigung. Anfangs las ich Groschenromane, danach viele Bände von Karl May, auch „Atomgewicht 500 " von Hans Dominik, später dann alle Werke von Goethe, die ich auftreiben konnte.

Mein ehemaliger Klassenlehrer, Walter Bieck, der bei uns in der 8. Klasse noch Deutsch und Literatur unterrichtete, hatte mich für die Oberschule empfohlen. Das klappte auch. Obwohl ich kein Arbeiterkind war, wurde ich an der Richard-Wossidlo-Oberschule in Ribnitz aufgenommen. Als 1950 die Sommerferien begannen, planten Hans Szillat (Flüchtlingskind aus Ostpreußen, Vater war gefallen) und ich, eine DDR-Rundfahrt mit dem Fahrrad zu unternehmen. Das nötige Geld verdienten wir uns mit dem Sammeln von Lindenblüten, die wir trockneten und an die Schule verkauften (ich glaube für 1 Kg gab es 8 Mark). Daran arbeiteten wir den ganzen Juli. Ich kaufte mir von dem Geld ein Fahrrad der Marke „Möwe", danach hatten wir noch ca. 130 Mark, mit denen wir die nächsten 4 Wochen auskommen mussten. Wir fuhren am 1. August los und übernachteten hinter Güstrow in unserem Eigenbauzelt. Es ging dann weiter über Stendal, Magdeburg, Halberstadt, Hasselfelde im Harz, über den Kyffhäuser, Nordhausen nach Erfurt, Gotha, Weimar bis Finsterbergen im Thüringer Wald. Die Nächte verbrachten wir immer im Zelt. Während der Fahrten sahen wir uns die Städte an, die meist alle vom Krieg zerstört waren. Besonders schlimm war es in Halberstadt und Chemnitz. Von Thüringen sind wir dann weiter nach Sachsen gefahren. Wir waren in Zwickau, Chemnitz, Meerane, Crimmitschau und Dresden, wo wir die

Nacht unter freiem Himmel auf einem Trümmergrundstück gegenüber dem Kronentor des Zwingers verbrachten. Dort lag Stroh, auf dem wir liegen konnten, mit einer Decke zugedeckt schliefen wir unter einem Sternenhimmel. Am nächsten Tag besuchten wir die technische Ausstellung im Zwinger und schauten von der Brücke vor dem Kronentor auf die Karpfen, die es auch damals schon gab. Es fing an zu regnen und wir wollten es an diesem Tag noch bis Leipzig (120 km) schaffen. Am Ausgang von Dresden bekam ich einen Platten, sodass wir eine Werkstatt aufsuchen mussten. Natürlich rechneten wir täglich unser Geld nach, um es sorgfältig einzuteilen. Hans Szillat kannte in Leipzig jemanden, bei dem wir übernachten konnten. Nachdem wir uns die Stadt angesehen hatten, ging es mit dem Fahrrad weiter auf der Autobahn (!) nach Berlin. In Adlershof kannten wir einen Jungen, bei dem wir übernachten durften, das war vorher per Brief vereinbart worden. Wir wurden von den Eltern in dem Einfamilienhaus sehr freundlich aufgenommen, hatten ein Zimmer zum Schlafen und wurden beköstigt. Der Junge war uns gar nicht so wichtig, denn wir wollten Berlin sehen, besonders natürlich Westberlin. So kam es, dass wir jeden Tag von früh bis spät abends mit dem Fahrrad in Berlin unterwegs und kaum mit dem Jungen zusammen waren. Die Eltern haben uns jeden Abend eine große Schüssel mit Pudding und Früchten auf den Tisch gestellt. Egal wann wir nach Hause kamen, wir fanden immer das Essen auf dem Tisch, kamen aber mit den Eltern gar nicht weiter ins Gespräch. Langsam war uns das schon peinlich, aber, als sich alles so selbstverständlich wiederholte, dachten wir, es sei schon so in Ordnung. Eines Tages besuchten wir meinen Großonkel Richard in Berlin-Hermsdorf, das weit im Norden, nahe Oranienburg, liegt. Wir wurden sehr freundlich zunächst von Tante Else empfangen, später kam Onkel Richard noch dazu und wir wurden gebeten, doch über Nacht dort zu bleiben. Das machten wir dann auch. Nach dem Frühstück fuhren wir wieder mit dem Fahrrad nach Berlin rein. In der Tasche hatten wir von Onkel Richard geschenkte 20 DM. Vorher hatte ich abends mal auf dem Kudamm im Rinnstein einen 10-DM-Schein gefunden, dann noch einmal 2 DM. Das konnten wir natürlich bei unserer knappen Kasse gut gebrauchen, zumal unser Ostgeld fast alle war. Als wir dann am späten Abend wieder nach Adlershof in unser Quartier kamen, war der Vater unseres Freundes aufgeblieben und hat uns nach allen Regeln der Kunst zusammengestaucht. Er hat uns angeschrien: „Warum habt ihr nicht Bescheid gesagt, dass ihr die Nacht nicht nach Hause kommt, dann auch noch den ganzen Tag weg seid? Wir haben uns die größten Sorgen gemacht, euch könnte etwas passiert sein!!!" Wir entschuldigten uns ganz brav und erklärten ihm, dass der Nachhauseweg von Hermsdorf bis Adlershof in der Nacht uns einfach zu weit war und wir deshalb das Übernachtungsangebot meines Onkels angenommen haben. Letztlich verzieh er uns unser schlechtes Benehmen und sagte, wir könnten weiterhin dort wohnen und würden auch Frühstück und abends den Pudding bekommen. Ich muss sagen, ich habe selten ein so großzügiges Verhalten eines Menschen mir gegenüber erlebt und schäme mich noch heute, wenn ich an diesen Aufenthalt denke. Nach einer Woche schöner Erlebnisse im zerstörten Berlin machten wir uns auf den Heimweg. Von Berlin benötigten wir noch zwei Tage bis Ribnitz. In der Nähe von Neubrandenburg übernachteten wir einfach irgendwo in einer Scheune, am nächsten Morgen kauften wir uns für unsre letzten 50 Pfennige bei einem Bäcker 10 Brötchen, mit denen wir gut über den Tag kamen. Unsere Tour endete am 30. August 1950. Am 31. August begann die Schule mit der 8. Klasse. Erstmalig kamen Mädchen in unsere Schule. Ich kann mich noch an den Tag erinnern, als wir vor Unterrichtsbeginn vor der Schule standen, die Mädchen und die Jungens jeweils in einer Gruppe. Alle waren schüchtern und redeten nur innerhalb der Gruppe. Auch in der ersten Unterrichtsstunde gingen nur Blicke von den einen zu den anderen, wir saßen ja getrennt von den Mädchen. Später entwickelte sich dann aber doch ein gutes Miteinander, was allen auch richtig Spaß bereitete. Leider waren die meisten meiner guten Kumpels in die Mädchenschule versetzt worden, nur Peter Busch war noch geblieben. Wolfgang Österreich war zwar auch dabei, aber unser Verhältnis hatte sich durch meinen Umzug etwas abgekühlt, war aber dennoch weiterhin gut. Leider war Hans Szillat nicht mehr in meiner Klasse, mit dem ich ja gerade die DDR-Rundfahrt gemacht hatte, auch das Verhältnis war dadurch nicht mehr so innig. Gegen Ende des Schuljahres stand dann die Frage, wer darf zur Oberschule und wer muss abgehen? Dank der Fürsprache unseres Klassenlehrers Walter Bieck wurde ich an der Oberschule aufgenommen. Herr Bieck hatte Österreich und mich ja in der 6. Klasse wegen des getöteten Eichhörnchens noch zusammengedroschen. Offenbar hat er mir diese Tat nachgesehen und seine Entscheidung für mich getroffen, wofür ich ihm sehr dankbar war. Immerhin hatte ich stets angegeben, nicht ohne Stolz, dass mein Vater Ingenieur war. Das hätte mir leicht zum Verhängnis werden können, da eigentlich nur Arbeiterkinder zur Oberschule durften. Ich hatte also Glück mit der Genehmigung, die Oberschule besuchen zu dürfen. Auch hier war ich ein ganz guter Schüler, gehörte allerdings nicht zu den Strebern, die noch vor mir postiert waren. Meine Lieblingsfächer waren Erdkunde und Sport. Unser Lehrer für diese Fächer war ein Junglehrer, der mich stets unterstützte. In beiden Fächern war ich der Beste in der Klasse. Bei den Schulmeisterschaften im Geräteturnen wurde ich in der 9. Klasse schon Schulmeister. Damit war ich besser als die Jungs der 12. Klasse, die bereits 2 Jahre älter waren als ich. Ich schwebte damals ganz schön auf Wolke 7, ohne dass es mir irgendetwas gebracht hätte, außer der Anerkennung durch einzelne Lehrer und viele Schüler und Schülerinnen. Zwei Mal wöchentlich nahm ich am außerschulischen Sport (Geräteturnen) teil. Zu unserer Gruppe gehörten auch andere talentierte Schüler. Jetzt waren auch H. Szillat und andere Freunde von mir wieder in meiner Klasse. Im Sommer 1952 hatte ich zusammen mit dem Mitschüler Waldemar Splies, mit dem ich mich angefreundet hatte, die Idee, mit dem Fahrrad nach Berlin zu fahren. Waldemar war elternlos von einem Tanzlehrerehepaar adoptiert worden. Da sie in Damgarten wohnten, kam er ins Internat in Ribnitz. Ich fand ihn sympathisch und wir verbrachten viel Zeit miteinander. Wir hatten von der SPD-Jugend gehört, die uns eine Unterkunft in Berlin beschaffen könnte. Die Anschrift war in der Bülowstraße. Dort begrüßte man uns sehr freundlich und gab uns eine Adresse in einer Villa in Dahlem, wo viele junge Leute aus verschiedenen Ländern übernachteten. Allerdings fragte man uns auch, ob wir nicht als FDJ-Angehörige Berichte über die Tätigkeit der FDJ anfertigen und ihnen zukommen lassen könnten. Mit anderen Worten, wir sollten für sie spionieren. Wir wanden uns geschickt aus der Sache heraus und behaupteten, dass wir gar nicht der FDJ angehören. Jedenfalls wollten wir auf keinen Fall als Spione tätig werden. Dennoch erlaubte man uns, etwa 10 Tage in dem Haus nahe der Podbielskiallee zu übernachten. Natürlich waren wir wie im Jahr zuvor den ganzen Tag unterwegs, viele Male in den Kinos am Potsdamer Platz. Ostdeutsche konnten dort Karten für Ostgeld kaufen. Langsam kam ich in die Pubertät. Ich war jetzt 16 Jahre alt. Es gab auch Mädchen in unserer Klasse. Da schaute man sich schon mal um. Allerdings gab es keine konkreten Absichten. Ich war immer durch meine häuslichen Verhältnisse gehindert, mit einem Mädchen näher in Kontakt zu treten. Ich war einfach zu ärmlich gekleidet, hatte kein Geld für Ausgaben in Cafés oder Gaststätten. Alkohol trank sowieso keiner von uns, rauchen war nur wenigen – später in der 10. Klasse – vorbehalten. Ich gehörte nicht dazu. Meine Hemmungen und Minderwertigkeitsgefühle nahmen enorm zu. 1952 war ich schon 17 Jahre alt. Trug immer noch meine Klamotten aus den Vorjahren, konnte wegen des Geldmangels nicht zu Tanzveranstaltungen mitgehen und zog mich immer mehr von allen Gemeinschaftsveranstaltungen zurück. Zudem wurde ich auch noch bei jeder peinlichen Gelegenheit „rot", was mir sehr zu schaffen machte. Eines Tages, es war im Dezember 1952, wurde ich ins Lehrerzimmer bestellt. Anwesend war unser Klassenlehrer Herr Junge, der stellv. Direktor und Geschichtslehrer Herr Petermann und andere, an die ich mich nicht mehr erinnere. Herr Petermann eröffnete das Gespräch mit dem Hinweis darauf, dass ich der Einzige von 350 Oberschülern wäre, der nicht der FDJ angehöre. Wenn ich nicht in Kürze diesen Schritt vollziehen würde, wäre man genötigt, mir das Vollwaisenstipendium zu entziehen. Ich bekam mit meinem Eintritt in die Oberschule monatlich 60 Mark Vollwaisenstipendium. Da meine Großeltern zusammen nur 105 Mark Sozialfürsorge bekamen, war das für unseren Lebenserhalt von allergrößter Wichtigkeit. Fällt das weg, so könnten wir überhaupt nicht mehr existieren. Ich wollte mich aber diesem Zwang nicht unterwerfen. Dieser Druck war mir zuwider. FDJ war ein rotes Tuch für mich. Ich ging dann einfach ab Januar 1953 nicht mehr in die Schule. Damit war das Problem zunächst gelöst. Ich wollte nun nach dem Westen abhauen. Damit wären meine Großeltern entlastet und ich dem Zwang entgangen. Dennoch war das ein gewagtes Unterfangen. Ich kam von der Schule, hatte nichts gelernt, noch nicht einmal gearbeitet und hatte im Westen keinen Menschen, der mir helfen konnte. Anfang Januar machte ich mich auf die Reise nach Berlin, wo man noch ganz gut über die Sektorengrenze nach Westberlin gehen konnte. Ich fragte mich zum Aufnahmelager Marienfelde durch. Dort angekommen, hatte ich durch meine Igelitschuhe fürchterliche Blasen an den Hacken. Ich konnte keinen Schritt weitergehen. Nun hörte ich aber, dass ich hier gar nicht bleiben konnte und erneut durch die Stadt irgendwohin sollte. Ich machte kehrt, setzte mich in die Bahn und fuhr zurück nach Ribnitz. Unglaublich, aber wahr. Dort angekommen, lief schon an meinem Bein ein blauer Streifen von der Hacke hoch in die Wade. Ich hatte durch die offenen Blasen und die schmutzigen Beine eine Blutvergiftung bekommen. Dr. Lehmann, der zwei Häuser neben uns wohnte, hat mir geholfen und mich nach längerer Zeit wieder auf die Beine gebracht (Jan. 1953). Seine Tochter traf ich bei unserem ersten Klassentreffen 1990 in Ahrenshoop. Er war später auch aus der DDR geflüchtet. Die nächsten Monate verbrachte ich damit, meinem Großvater bei der Nahrungsbeschaffung zu helfen, Holz heranzuschaffen und sonst für die Familie zu sorgen. Ich ging zu den Bauern arbeiten, half im Gemüsehandel, angelte viel (Aale) und war im Übrigen oft mit meinem Freund Dieter zusammen, der als Zimmermann tätig war. Dieter war ein sehr einfacher Mensch, das schreckte einige meiner Freunde und auch Mädchen ab, mit mir in Kontakt zu kommen. Das war mir aber nicht so wichtig. Ich hatte einmal Freundschaft geschlossen und dabei blieb es, egal, was die anderen dachten. Nur Moses (Gerhard Westendorf) und Uli Schulz hatten Zugang zu mir. Sie blieben auch bis zu ihrem Tod meine Freunde (Uli starb 1995 mit 60 Jahren und Moses 2002 mit 67 Jahren). Dieter hat mich später sehr enttäuscht. Ich habe ihn im Westen aus den Augen verloren. So verging der Sommer. Ich war viel allein und machte mir Gedanken über mein künftiges Leben, das ja jetzt schon ziemlich verpfuscht war. Was sollte aus mir werden? Eine abgebrochene Schule, keine Lehre, keine richtige Arbeit. Meinen Großeltern sei Dank, sehr viel Dank. Sie drängten mich zu nichts. Ich war ihr lieber Junge, sie taten alles für mich, und was ich machte, war immer richtig. Das ist zwar erzieherisch gesehen falsch. In meiner Situation aber genau das Richtige. Sie haben mich nicht in irgendein Muster gedrängt, sie haben mich – gewollt oder ungewollt – frei entscheiden lassen, was ich aus meinem Leben machen wollte. Es fehlte mir natürlich eine Leitperson, die mir den Weg gezeigt hätte, die ich hätte fragen können, die mir in all meinen Ängsten und Zweifeln zur Seite gestanden hätte. Dennoch, meine Großeltern haben es völlig richtig gemacht. Sie haben mich entscheiden lassen und keinen Druck ausgeübt, der mich möglicherweise in den Selbstmord getrieben hätte. Ich bin ihnen dafür für alle Zeit unendlich dankbar. **Ich ging in den Westen.** Anfang Januar 1954 war ich nun entschlossen, nochmals den Schritt nach Westen zu wagen. Eine Freundin begleitete mich bis zum Bahnhof in Damgarten. Ich bestieg den Zug in Damgarten, um mit meinem Koffer und meinem Reiseoutfit in Ribnitz nicht aufzufallen. Meine Reise ging nach Berlin in das Aufnahmelager Marienfelde. Der Grenzübertritt in Berlin am Potsdamer Platz verlief reibungslos. In Marienfelde angekommen, begann das sogenannte Notaufnahmeverfahren. Neben der üblichen Personalfeststellung usw. wurde ich den verschiedenen Geheimdiensten (dem englischen, amerikanischen und französischen) vorgeführt und von ihnen intensiv befragt. Vielfach waren es von allen Diensten dieselben Fragen, die mir gestellt wurden. Warum ich die Zone verlassen habe, was ich vor meiner Flucht in der DDR gemacht habe, welche militärischen Einrichtungen gab es in meiner Heimatstadt usw.? Sie wollten sicher feststellen, ob ich die Wahrheit erzähle. Wenn immer die gleichen Fragen gestellt werden, kann man sich leicht in Widersprüche verwickeln. Am späten Nachmittag desselben Tages wurde ich mit einem Busfahrschein nach Kladow in den Berliner Norden geschickt, wo sich ein Aufnahmelager befand. Ich hatte auch noch einen ziemlich schweren Koffer bei mir und kannte mich mit den Verkehrsmitteln nicht so gut aus. Man hatte mir zwar den Weg beschrieben, aber ich wusste dann schon bald nicht mehr, wo ich umsteigen musste usw. Ich landete schließlich am Wannsee und wusste nicht, wie ich weiterkommen sollte. Es war schon abends. In meiner Verzweiflung wollte ich nun Onkel Richard anrufen. Im Telefonbuch einer Telefonzelle konnte ich ihn nicht finden. Damals wusste ich nicht, dass das Telefon auf den Namen seines Schwiegersohnes eingetragen war. Ich war ganz verzweifelt. Es war Winter, ich hatte einen ganz schweren Zonenmantel an und den Koffer immer auf der Schulter und wusste nicht, wie ich nach Kladow kommen sollte. Es dunkelte schon. Mir blieb nichts übrig, als Leute zu fragen. Und sie sagten mir, ich müsse eine Fähre über den Wannsee nehmen, die letzte würde in Kürze ablegen. Ich war sehr dankbar für diese Möglichkeit und nahm die Fähre, ohne DM zu besitzen. Man war damals nicht so genau mit den Ostzonenbewohnern. So kam ich spät im Lager Kladow an, wo man mir einen Schlafplatz in einer Baracke zuwies. Schon ab dem nächsten Tag musste ich dann mit den anderen zu einer Dienststelle am Kaiserdamm, wo ich stundenlang warten musste, bis ich zu einem ziemlich erniedrigenden Verhör drankam. Man wollte wieder alles Mögliche von mir wissen. Weshalb ich die DDR verlassen habe, ob ich in der FDJ war usw. Etwa 8 Tage lang musste ich dort täglich erscheinen und immer ewig lange warten, immer die gleichen Fragen beantworten – bis ich endlich eine vorläufige Aufenthaltsgenehmigung für die Bundesrepublik Deutschland erhielt (in meinen Unterlagen vorhanden). Einige Zeit danach wurde ich mit vielen anderen in das Abfluglager Tempelhof überstellt. Bis dahin konnte man den Eindruck gewinnen, man wäre ein unwillkommener Ausländer, der eigentlich besser zu Hause geblieben wäre. Von freundlichem Empfang – gerade auch für junge Menschen, die voller Hoffnung in dieses Land kamen – keine Spur. Wir wurden in einem großen Gebäudeteil untergebracht, der zum Flughafen gehörte. Die Fenster waren zum Teil entzwei, geheizt wurde auch nicht, geschlafen wurde in einem großen Raum mit Doppelstockbetten in den Sachen, die man gerade trug. Ich lernte dort auch andere Jugendliche aus der DDR kennen, die alle etwas zu berichten hatten und voller Hoffnung in die Zukunft sahen. Wir hielten uns im Gelände des Flughafens oder in der näheren Umgebung auf. Ganz in der Nähe war auch ein Kino, das wir besuchten. Nach etwa einer Woche hieß es dann eines Tages: Euer Flugzeug nach Frankfurt geht dann und dann. Am betreffenden Tag bestiegen wir dann eine 4-motorige Super-Konstellation der Pan Amerika Airways. Und ab ging es Richtung Frankfurt. In einer ¾ Stunde waren wir schon da. Am Flughafen wurden wir in einen Bus gesetzt und hatten erst einmal zu warten. Es war schon etwa 17 Uhr und dunkel. Ich konnte kaum etwas hören, so hatte sich der Flug auf meine Ohren gelegt. Erst nach zwei Stunden verschwand die Taubheit langsam. Nach längerem Warten fuhren wir dann endlich los. Zu einem Ort namens Krofdorf in der Nähe der Stadt Gießen. Dort gab es ein Barackenlager. Ich kam in eine 4-Mann-Bude. Man instruierte mich gleich, dass dies das Musterzimmer sei und ich habe darauf zu achten, dass das auch so bleibt. Die Zimmernachbarn zeigten mir, wie man Betten baut und was man sonst noch so alles zu erledigen hat. Nichts durfte herumliegen, auch das Wasser in den Verdampfungsbehältern an den Heizkörpern hatte ich aufzufüllen, Staub zu wischen, zu kehren usw. 6 Uhr früh war wecken. Ein Wachmann lief durch den Gang und brüllte „alles aufstehen!". Ich kam mir vor wie beim Militär. In fünf Minuten musste man fertig gewaschen und angezogen sein. Es ging sofort in die Kantine zum Essen. Anschließend Zimmer in Ordnung bringen. Um 7,30 Uhr stand der VW-Bus bereit, um uns nach Gießen zu bringen. Am späten

Nachmittag, als wir aus Gießen zurück waren, hatte jeder einzeln im Büro der Lagerleitung zu erscheinen. Dort ging die Fragerei auf's Neue los. Wie schon in Berlin. Mir wurde gesagt, ich sei in Berlin unangenehm aufgefallen, indem ich nur widerstrebend geantwortet hätte und aufsässig gewesen sei. Ich war mir aber keiner Schuld bewusst. Der Mann stufte mich als negativ ein. Später erfuhr ich, dass das Lager ausschließlich von ehemaligen SS-Leuten geführt wurde. Man merkte das an allen Ecken und Enden. Der ganze Schliff, der Ton, die Grußpflicht u.v.a.m. Die hatten noch alles von früher gut drauf. Es waren ja mal gerade 9 Jahre seit dem Kriegsende vergangen. In Gießen wurden wir von den verschiedenen Geheimdiensten verhört: mal beim deutschen, beim amerikanischen, beim englischen und beim französischen Geheimdienst. Immer wieder dieselben Fragen, nur um zu testen, ob man die Wahrheit gesagt hatte. Wehe man verhedderte sich in Widersprüche, dann wurde nachgehakt. Man wurde als unglaubwürdig hingestellt, obwohl es doch bei dem vielen Gefrage schon mal zu einer etwas veränderten Aussage kommen konnte. Das ging 4 Wochen so. Am Schluss musste ich in die amerikanische Geheimdienststelle in Gießen, eine schöne alte Villa, wo ich nochmals gesondert befragt wurde. Es ging um den Flugplatz der Russen in Pytnitz (am Bodden). z.B. wie viele Starts und Landungen ich pro Tag beobachtet hätte, welcher Typ Flugzeuge dort stationiert wäre usw. Als wäre ich ein Militärexperte, der die Starts und Landungen zählt und die Flugzeugtypen aus dem FF kennt – und das mit 18 Jahren. Es wurde dann entschieden, dass ich nach Frankfurt in die amerikanische Geheimdienstzentrale für Europa geschickt werden sollte. Man hielt wohl mein Wissen für so wertvoll, um sich damit eingehender zu befassen. So hieß es dann eines Tages Abschied nehmen von Krofdorf, wo der Rum ein Hausbrand war. Da wir uns mit den Bauern gut standen, bekamen wir ab und zu etwas davon. Mit zwei anderen hatte ich mich in Frankfurt in der Zentrale des amerikanischen Geheimdienstes zu melden, der gleich in der Nähe des Hauptbahnhofs stationiert war. Dort angekommen, wunderte ich mich, dass ich in das Zimmer eines Deutschen geführt wurde, der die Befragung mit mir durchführte. Der Mann war sehr freundlich, erzählte auf meine erstaunte Frage nach seinem Hiersein auch einiges von sich privat. Er sagte dann, ich würde eine Woche in Frankfurt bleiben, „sie" würden die Hotelkosten übernehmen und uns pro Tag 20 Mark zahlen. Ich sollte täglich um 8 Uhr erscheinen und in einem gesonderten Zimmer etwa einen Arbeitstag verbringen, um Zeichnungen von Ribnitz, den wichtigen Gebäuden, anzufertigen und mein Wissen zu Papier bringen. Dann gab er uns den Hinweis, uns im Frankfurter Hof einzuquartieren. Das Hotel war in Bahnhofsnähe und damit auch nicht weit entfernt von der Zentrale, unserem Arbeitsplatz für die nächste Woche. Wir fuhren mit unseren „Zonenklamotten" und Pappkoffern zum Hotel. Der Portier fragte uns gleich im Foyer, was wir hier wollten. Wir schilderten kurz unser Anliegen und wer die Kosten trägt. Dennoch, wir passten ihm nicht und er empfahl uns ziemlich eindringlich, doch das Passage-Hotel unter dem Bahnhofsvorplatz zu nehmen. Der Frankfurter Hof wäre doch wohl nicht das Richtige für uns. Offensichtlich hätten wir den guten Ruf des Hotels beeinträchtigen können. Er murmelte dann noch vor sich hin: „Wie kommen die bloß darauf, ‚die' immer zu u n s zu schicken?" Scheinbar kamen öfter junge Leute aus der DDR dort hin, die vom US-Gemeindienst geschickt wurden und dort untergebracht werden sollten. So zogen wir wieder ab und kamen in dem Hotel unter dem Bahnhofsvorplatz unter. Ohne Tageslicht, dafür aber preisgünstig. Vorher waren das vielleicht mal Luftschutzräume. Ich habe in den 90er-Jahren vergeblich nach diesem unterirdischen Bau gesucht. Wer weiß, was daraus geworden ist? Damals muss das auch so eine Art Stundenhotel gewesen sein, man lächelte so eigentümlich, als wir erzählten, wo wir untergekommen sind. Damit hatten wir aber kein Problem. Wir waren so jung und voller Hoffnung und Zuversicht in die Zukunft, dass uns eigentlich gar nichts erschüttern konnte. Doch sollte sich diese Stimmung bald ändern. „Bei der Arbeit" war ich den ganzen Tag beschäftigt. Man stellte mir eine Staffelei hin, ich hatte einen ganzen Raum für mich und fertigte Zeichnungen von

Ribnitz mit seinen Straßen und wichtigen Gebäuden an. Dazu schrieb ich mein Wissen über die Standorte von Polizei, SED-Verwaltung, Flugplatz usw. auf. Ich konnte mir Zeit lassen, man drängelte mich nicht. Zwischendurch gab es Essen und Getränke. Nach wenigen Tagen verließen wir Frankfurt mit dem Ziel Heilbronn. Wir kamen in ein Flüchtlingslager in Weinsberg bei Heilbronn und mussten uns später im Rathaus von Heilbronn beim Arbeitsamt melden. In dem Lager lebten viele Familien mit Kindern aus der DDR und dem polnisch besetzten Osten Deutschlands. In unserem Raum waren vielleicht 20 Familien untergebracht. Doppelstockbetten, Gemeinschaftsklo und Kantinenessen waren normal. Das machte uns aber nichts aus, wir waren noch so jung. Eines Tages sagte man uns, dass wir zum Jugendhilfswerk nach Winterstättenstadt kämen (zwischen Ulm und Ravensburg). Jugendhilfswerk hörte sich richtig gut an. War aber das Gegenteil von gut. Empfangen hat uns ein gewisser Herr Koch, der uns vom Bahnhof in seine Mansardenwohnung fuhr (mit einem Motorrad mit Beiwagen). In dieser winzig kleinen Wohnung unterm Dach verbrachten wir die Nacht, jeder schlief irgendwo in einer Ecke, auf einem Stuhl oder im Sessel, gerade wo Platz war. Am nächsten Tag brachte er uns mit dem besagten Gefährt in ein Dorf zu einem Bauern. Jeder kam in ein anderes Dorf. Wir wurden Stallburschen, zuständig für alle niederen Arbeiten. Ich kam nach Eberhardzell zum Bauern Weiland. Vater Weiland war 80 Jahre, sein Sohn 42. Im Haushalt lebten noch seine Mutter, eine Magd und ein Knecht. Alle sehr katholisch und engstirnig. Ich musste um 5:00 Uhr aufstehen und den Kuhstall ausmisten, neu streuen, Kühe bürsten und striegeln, dann Pries machen (Stroh und Heu durch eine Maschine treiben und zerkleinern) als Futter für die Tiere, füttern und tränken. Es waren 32 Kühe, zwischendurch kam die Magd, um die Kühe zu melken. Zum „Mittagessen" gab es meist Kuhkaldaune (Flecken) mit Spätzle. Vor dem Essen mussten alle aufstehen und beten, während die Bäuerin das Essen aus der neben dem Wohnzimmer liegenden Küche auftrug und dabei das Vaterunser vor sich her brabbelte. Nach dem Essen ging es sofort im Laufschritt in Gummistiefeln so ca. 2 km in den Wald, wo Holz gemacht wurde. Es waren keine sehr großen Bäume, die vom Bauern umgehackt wurden. Ich hatte die Aufgabe, sie dann von Ästen und Rinde (mit einem Schäleisen) zu befreien. Alles im D-Zug-Tempo. Ebenso der Rückmarsch zum Haus, wo das „Veschper" wartete. Immerhin war es ein sehr kalter Februar im Jahre 1954. Das „Vesper" bestand für mich aus 2 Scheiben trockenem Brot und „Moscht" (unvergorener Apfelsaft, ziemlich sauer). „Moscht" war sozusagen Nationalgetränk der Schwaben. Danach musste ich sofort wieder in den Stall. Ausmisten, neu streuen und tränken – bis etwa 21,00 Uhr abends. Danach erhielt ich in der Küche von der Magd mein Abendbrot. Brot, Weißkäse und „Moscht". Einmal bat ich darum, doch vielleicht anstatt „Moscht" Buttermilch zu trinken zu bekommen. Die Magd gab mir Buttermilch, sagte aber, das dürfe der Bauer nicht wissen. Um 21,30 Uhr fiel ich todmüde in mein Bett, das in einem ungeheizten Zimmer im 1. Stock des Hauses stand. Das Zimmer hatte kein Fenster, sondern eine offene Luke nach draußen. Das Federbett allerdings war mindestens 50 cm dick. Im Bett habe ich nicht gefroren, aber beim Aufstehen. So habe ich meine paar Klamotten gepackt und bin in den Kuhstall runter, wo es warm war. Dort habe ich mich angezogen. Waschen oder so etwas war nicht drin, Wäsche wechseln natürlich auch nicht. Ich hatte ja nichts. Neben „freier Kost und Logis" bekam ich für diese Schinderei 70 DM im Monat. Dieser Arbeitsablauf galt 7 Tage in der Woche, mit Ausnahme des Sonntagvormittags, der war dem Kirchgang vorbehalten. Beim ersten Mal bin ich nicht mitgegangen. Ich wollte einfach mal meine Ruhe haben. Gleich wurde ich zum Vikar gebeten, der sehr nett war und mich darüber aufklärte, dass man auch als Evangelischer in so einer extrem katholischen Gegend sonntags in die Kirche gehen muss, wenn man nicht Nachteile erleiden will. Ich tat es dann auch. Was blieb mir übrig? Eines Tages bekam ich Nachricht von Herrn Koch, dass sich alle von ihm vermittelten Knechte spät abends in Winterstättenstadt einfinden sollen. So fragte ich meinen Bauern, ob ich denn etwas früher als 21,30 Uhr aufhören könne und er mir ein Fahrrad leihen würde, um dort hinzukommen? Es fiel ihm schwer, aber er erlaubte es mir. So tränkte ich die Kühe am Ende meines Arbeitstages noch einmal, so etwa gegen 21,00 Uhr und fuhr los. An Einzelheiten der Gespräche dort kann ich mich nicht mehr erinnern, aber ich weiß so viel, dass alle Flüchtlinge aus der DDR schlecht behandelt und ausgenutzt, teilweise sogar geschlagen wurden. Der betreffende Bauer wurde angeklagt. Ich verabredete mich mit zwei anderen „Kollegen" aus anderen Dörfern, diese unwirtliche Gegend zu verlassen, um zunächst nach Stuttgart zu gelangen. Geld für die Bahn hatten wir nicht. So wollten wir trampen und trafen uns dann später an einem vereinbarten Ort zu einer bestimmten Zeit. Als ich am nächsten Morgen auf den Jungbauern traf, stellte er mich barsch und drohend zur Rede. Die Kühe hätten sich laut geäußert, weil sie zu wenig Wasser bekommen hätten. Ich hätte nur meine Versammlung im Kopf gehabt und die Kühe vernachlässigt usw. Ich glaube noch heute, das war frei erfunden, weil er Angst hatte, dass ich über die Ausbeutung dort berichtet habe. Er pflanzte sich bedrohlich vor mir auf. Ich sagte zu ihm ziemlich gelassen: „Schlagen Sie nur zu, gerade ist ein Bauer deswegen angeklagt worden!" Er hielt sich zurück und fluchte wie ein Rohrspatz. Erst einmal musste ich meine Absicht, den Hof zu verlassen, dem Bauern mitteilen. Ich ging zu dem Alten, der war etwas vernünftiger, und bat um meinen Lohn, den er mir auch anteilig auszahlte. Ab nächstem Tag mussten sie dann ihren Mist alleine machen. Wir waren zu dritt an dem vereinbarten Ort. Ein Holzfahrzeug nahm uns oben auf dem Stapelholz mit bis Donaueschingen. Es war kalter Winter. Von dort gelangten wir nach Stuttgart, ich glaube als Schwarzfahrer. Ich hatte ein Schreiben von Manfred Weiß (Schulfreund, der mit Familie nach Kanada ausgewandert war) in der Tasche, dass er in Kanada für mich bürgen würde. Das war die Voraussetzung, um sich in diesem Land anzusiedeln. Auf dem Hauptbahnhof in Stuttgart gab es einen Anlaufpunkt für Auswanderer. Die wollten auch am nächsten Tag mit den Vorbereitungen beginnen. Nur wir fanden keine Unterkunft für die Nacht. Der Mann von der Bahnhofsmission kam dann zu uns und sagte, er hätte leider nichts für uns gefunden. So entschlossen wir uns – angesichts unserer ausweglosen Lage – in die DDR zurückzukehren. Wir bestiegen einen D-Zug, der von Stuttgart nach Berlin fuhr – ohne Fahrscheine. Bald nach Stuttgart wurde uns mulmig und wir kamen mit den Mitreisenden ins Gespräch. Wir sprachen über unsere Probleme und darüber, dass wir schwarzfahren würden und wohin wir wollten. Sie überredeten uns, das nicht zu tun. Die nächste Station sei Backnang, dort wäre ein Flüchtlingslager, die würden uns bestimmt aufnehmen. Sie überzeugten auch den Schaffner, uns ungeschoren zu lassen. So stiegen wir in Backnang spät abends aus. Der Bahnhofsvorsteher telefonierte mit dem Lager. Leider war der Lagerleiter nicht anwesend, so fragte man uns, ob wir vielleicht bei der Polizei im Gefängnis übernachten würden? So kamen wir für eine Nacht in das Gefängnis von Backnang, wo uns ein Betrunkener lärmend die Nachtruhe stahl. Am nächsten Tag gingen wir zum Lager. Man gab uns Verpflegung für den Tag mit und schickte uns mit Fahrkarte nach Stuttgart in das Lager Cannstatt, von wo aus wir weitervermittelt werden sollten. In Cannstatt sagte man uns, wir sollen zum Vertriebenenministerium gehen zu einem Oberregierungsrat und schildern, wie es uns ergangen ist. Dort waren wir noch zu zweit, ich erzählte unsere Geschichte. Am Ende schlug der Mann mit der Faust auf den Tisch und sagte, das sei eine Schweinerei, wie man uns behandelt hätte usw. Wir sollen jetzt mal erst auf Erholung nach Bad Antogast im Schwarzwald fahren. Im Lager Cannstatt bekamen wir nochmals richtig gute Wegverpflegung. Da war eine ganze Wurst dabei, Käse und viele gute Dinge. Auf dem Hauptbahnhof in Stuttgart „vergaßen" wir natürlich nicht, noch den Paketgeschenkdienst anzulaufen. Mit unseren Ostausweisen, die wir immer noch hatten, gab man uns große Pakete, so wie sie Reisende aus der DDR bekamen. Da waren sehr viel schöne Dinge drin, vor allem Kakao, Schokolade usw. So fuhren wir am Rosenmontag von Stuttgart zunächst bis Karlsruhe. Schon unterwegs beim Halt in Pforzheim stiegen die Jecken ein und machten richtig Bambule. In Karlsruhe stiegen wir nach Wartezeit in den Schienenbus nach Offenburg ein, der über Badenoos und Rastatt durch den Schwarzwald fuhr und in Appenweier hielt, wo wir planmäßig ausstiegen und von wo aus wir abgeholt werden sollten, eben nach Bad Antogast. Als wir so an einem Hang saßen und auf unsere Abholung warteten, gesellte sich ein Fremder zu uns, der erst einmal ganz allgemein mit uns sprach. Dann fragte er, wo wir denn hinwollten. Als er Bad Antogast hörte, sagte er: „Da sagen sich doch Fuchs und Has' gute Nacht. Ich biete euch eine ganz andere Perspektive. Ihr geht nach Frankreich in die Fremdenlegion, dort seid ihr versorgt und findet viele Gleichgesinnte. Er war wohl ein Werber für die Fremdenlegion. Wir lehnten natürlich ab. Als uns keiner abholte, marschierten wir los in Richtung Oberkirch. Nach vielleicht 2 Stunden Fußmarsch kamen wir dort auf dem Marktplatz an und fragten herum, ob denn nicht ein Fahrzeug nach Bad Antogast ginge. Da stellte sich heraus, dass schon jemand seit Stunden dort auf uns wartete. So fuhren wir immer bergauf auf einer Schotterstraße, neben der ein kleiner Bach bergab verlief und das Schmelzwasser zum Rhein beförderte. Der nächste Ort war das Städtchen Oppenau und dann ging es richtig in die Berge. Oben lagen etwa 2 m Schnee. Bad Antogast bestand aus ein paar größeren, mit Schieferschindeln verkleideten und gedeckten Häusern. Wir kamen im großen Gebäude unter, wo wir zahlreiche Flüchtlinge wiedertrafen, die wir schon aus Berlin, aus Krofdorf oder anders woher kannten. Dort ging es uns recht gut. Vor allem dank unserer reichlichen Lebensmittelvorräte. Unseren Kakao gaben wir in die Küche mit der Bitte, ihn für uns zuzubereiten, was die Frauen dann meistens sogar mit Milch taten. Von dort habe ich auch mein erstes Paket mit Lebensmitteln an meine Oma in Ribnitz geschickt. Es ging mir „doch so gut". Da denkt man dann an seine arme alte Oma. Diese Einsamkeit und den vielen Schnee fanden wir ganz romantisch. In der Umgebung lagen einige verschneite Dörfer. In Richtung Westen kamen wir an einen Abhang, von wo wir das Straßburger Münster erkennen konnten. Irgendwann meldete sich das Arbeitsamt bei uns an, das heißt, die Mitarbeiter kamen aus Offenburg zu uns in die Berge. Wir wurden als Arbeitslose registriert und bekamen auch ein wenig Geld, von dem aber Unterkunft und Verpflegung abgezogen wurden. Eines Tages hieß es dann, wir werden vermittelt. Es gäbe die Möglichkeit, zum Bauern nach Konstanz am Bodensee zu gehen oder in den Bergbau ins Ruhrgebiet. Ich fand diese Behandlung der jungen Flüchtlinge aus der DDR durch die Behörden der Bundesrepublik nicht gerade menschlich angemessen, es war eher wie eine moderne Sklaverei. Niemand wurde entsprechend seines Berufes bzw. seines Könnens vermittelt. Für Menschen wie mich wäre es doch angebracht gewesen, mir die weitere Schulbildung bis zum Abitur zu ermöglichen und sich anschließend um eine Lehre bzw. darum zu kümmern, dass ich ein Studium aufnehmen kann. Derartige Bemühungen gab es nicht. In der DDR wurden Menschen durch viele Gespräche von der Aufnahme eines Studiums geradezu überzeugt. Daher kam auch der Wunsch, die BRD wieder zu verlassen. Man kam sich hilflos und verlassen vor. Ich hätte gern eine Lehre begonnen oder nach dem Abitur studiert, leider gab es keine amtliche Stelle, die mit mir darüber sprach oder derartiges in Aussicht stellte. Deshalb blieb mir nichts anderes übrig, als mich für den Bergbau zu entscheiden, denn das Knecht-Dasein hatte ich ja gerade hinter mir. Mit mir 48 andere junge Leute. Alle wurden vor Ort von einem Arzt untersucht, der nur vier für geeignet befand. Dazu gehörte ich. Wir vier mussten nun nach Offenburg zu einem anderen Arzt zur Abschlussuntersuchung, der sondierte zwei weitere Jungen aus. Er hielt nur mich und einen weiteren Jungen für geeignet. Eines Tages ging es dann los. Wir fuhren von Appenweier zunächst nach Heidelberg, wo wir auf einen anderen Zug trafen, der aus München kam und ebenfalls junge Leute ins Ruhrgebiet bringen sollte. Die beiden Sonderzüge wurden zu einem vereint und so fuhren wir weiter über Frankfurt, Wiesbaden, Köln nach Essen. In Heidelberg hatten wir genügend Aufenthalt, um uns die Altstadt anzusehen. Da es am späten Abend war, spürten wir auch einen Hauch von der Romantik dieser Stadt. In Essen wurden wir einem Ärzteteam vorgestellt. In einer langen Baracke nahmen wir nackt Aufstellung. Die Ärzte kamen wie zur Visite zu jedem Einzelnen und begutachteten ihn. Der größte Teil wurde abgelehnt und musste wieder zurück in die Heimatorte bzw. in die Lager. Man konnte es kaum glauben. Es war wie beim Militär. Vortreten! Dann entweder zurücktreten oder abtreten! Zurücktreten bedeutete, in die Reihe zurück, du bist angenommen. Danach wurde in einer anderen Baracke bei jedem der Blutdruck gemessen. Diejenigen, die bleiben durften, wurden nun aufgeteilt. Nach Bochum, nach Dortmund usw. Ich hatte das Privileg, in Essen bleiben zu dürfen. Kam auf die Zeche Langenbram in Essen-Rellinghausen, im Süden der Stadt. Wir kamen zu dritt in ein Vierbettzimmer in einer Baracke unter. Ich war mit meinen 18 Jahren der Jüngste und wurde als Gedingeschlepper eingestellt, so etwa der gefährlichste und am geringsten bezahlte Job, den man sich vorstellen kann. Die anderen waren schon 19 Jahre und wurden Hauer. Ich bekam etwa 240 bis 280 Mark, die anderen etwa 500 ausgezahlt. Mittags wurden wir verpflegt, was von unserem Einkommen abgezogen wurde. Frühstück und Abendessen mussten wir uns kaufen. Es gab im Gelände eine Gastwirtschaft, wo wir uns mit Esswaren eindecken konnten. Ich kam gleich auf ca. 1000 m Tiefe in den Kohlestreb. Der Streb ist neben dem Stollen gelegen und dient ausschließlich der Kohlegewinnung. Höhe ca. 80-90 cm. Hier lag die Kohle schräg im Berg, sodass zum Transport eine einfache Schüttelrutsche genügte, um sie zum Stollen hinabzuleiten. Am Ende war eine Klappe, die geöffnet wurde, wenn die nächste Lore (Hunt genannt) vorgefahren war. Meine Aufgabe war es, die großen Kohlebrocken mit einem Hammer so zu zerkleinern, dass sie nicht irgendwo blockierten und durch die Luke passten. Alles unter Kohlenstaub und Licht aus der Lampe am Helm. In 90 cm Höhe hatte ich also mit dem Hammer auf die Brocken einzuschlagen, um sie zu zertrümmern. Manchmal blockierten sie schon an den Stempeln (Holzpfähle, die im Meterabstand die Decke stützten). So musste ich den Streb aufwärts klettern, die Brocken zertrümmern, um das Band am Laufen zu halten. Und wehe die Rutsche kam zum Stillstand. Es waren 8 Hauer, die die Kohle auf das Band schickten. Ich aber war allein, um Staus zu verhindern. Man kann sich vorstellen, wie die Hauer auf mich sauer waren, wenn alles stockte. Schließlich hing ihr Lohn davon ab, wie viel Kohle sie in ihrer Schicht in die Hunte brachten. Ich war der Prügelknabe. Einmal passierte es, dass ich beim Zuschlagen den Hammer verlor. Er sauste die Rutsche hinunter und landete in einem Hunt. Der Klappenbediener hat das natürlich nicht mitbekommen. Der Hammer war in irgendeiner Lore verschwunden. Jetzt stand ich da. Die Hauer brüllten mich an, die Rutsche ging nicht mehr. Stillstand! Was nun? Der Mann an der Klappe sagte, ich müsse zur Materialausgabe und mir einen neuen Hammer holen. Nur war die Materialausgabe auf ca. 500 m Tiefe. Ich musste zunächst zu unserem Fahrkorb und ca. 100 m nach oben fahren, dann etwa 1 km laufen, um zum nächsten Aufzug zu gelangen, der mich auf 500 m brachte. Die Materialausgabe wollte auch noch eine ausführliche Begründung mit Unterschrift für den Verlust des Hammers und für die Übergabe eines neuen Hammers. Jetzt ging es denselben Weg zurück. Die Anschläger (Bediener der Aufzüge) waren nun aber nicht bereit und manchmal auch nicht in der Lage, mich schnell zu befördern. Manchmal war der Korb gerade unten bzw. oben, oder ich musste warten, damit gleichzeitig mit mir ein Hunt befördert werden konnte. Jedenfalls hatte die Aktion eine lange Zeit gedauert. Bei meiner Rückkehr stand die Rutsche still. Nichts ging mehr. Überall waren große Kohlebrocken verklemmt. Die Stimmung bei den Hauern war entsprechend. Manchmal musste ich auch noch zusätzlich im Alten Mann (der Raum aus dem die Kohle entfernt war) Stempel kappen. Das Holz wurde zur Wiederverwendung gebraucht. Dort, wo die Kohle vorher war, entstand ja ein großer leerer Raum, der mit diesen Stempeln vor einem Zusammenbruch gestützt wurde. Wenn der Raum zu breit wurde, verfüllte man ihn mit feuchter, grober Schlacke. Das geschah durch dicke Rohre, in die Druckluft gepresst wurde. Vorher allerdings sollten die Stempel zurückgewonnen werden. Das musste ich machen. Wenn ich einen Stempel unten wegschlug, so kam es oft zu Abstürzen von zentnerschweren Gesteinsplatten, die nur von den Stempeln gehalten wurden. Nach dem letzten Schlag musste ich mich stets durch einen schnellen Sprung zurück in Sicherheit bringen, ansonsten hätte mich eine solche Platte lebendig begraben. Das Verfüllen des Alten Mannes erfolgte ohne vorherige Warnung. Die Hauer und ich waren noch im Streb, als das Gebläse anlief und die Gesteinsbrocken mit hoher Geschwindigkeit in den Alten Mann schleuderte. Zwischen Altem Mann und Rutsche gab es zwar ein Gitter aus Draht, was aber viel zu niedrig war. So mussten wir uns schnell alle flach auf den Boden legen, um nicht von Steinen, die zu uns herübersausten, erschlagen zu werden. Später war ich für einige Zeit in einem alten Stollen eingesetzt. Am Anfang befindet sich der Aufzug, am Ende der „Vorort". Der Streb mit dem Kohleflöz verläuft immer seitlich davon. Auch dort sollte ich die viel größeren Stützpfosten abschlagen. Dabei kamen nicht Zentner sondern Tonnen an Gestein herunter, was lebensgefährlich war! Dieses Gestein wurde dann noch einmal zerbrochen und über Rutschen abtransportiert. Ich hatte dann diese Rutsche zu bestücken. Da ein Stollen ca. 2 bis 3 Meter hoch ist, ein Streb aber nur 80-90 cm, konnte ich hier wenigstens aufrecht stehen. Auf 1000 m Tiefe herrschten ca. 30 °C. Der Arbeitstag begann um 6,00 Uhr früh mit dem Einfahren. Zunächst mit einem Fahrkorb mit 48 Personen bis in eine Tiefe von 500 m. Dann zu Fuß etwa 1 km bis zum nächsten, viel kleineren Förderkorb, der uns auf 900 m Tiefe brachte. Nach einem weiteren Fußweg ging es dann mit Aufzug bis auf 1000 m Tiefe. Es gab auch einen tödlichen Unfall während meiner Zeit. Ein Kumpel wurde durch ein herabfallendes Dach eines Förderkorbes getötet. So ein Dach war aus schwerem Eichenholz, hatte in der Mitte ein Loch, durch das das Förderseil lief. Es hieß, das Oberteil hätte sich verkannet und wäre mit der Kante, verstärkt durch die Geschwindigkeit, mit erheblicher Wucht dem Mann direkt auf den Kopf gefallen. Während dieser Zeit schrieb ich meinem Freund Dieter in Ribnitz, ob er nicht Lust hätte, auch nach Essen zu kommen, um hier als Bergwerkszimmermann zu arbeiten. Er kam! Und er kam in mein Zimmer, wo ja noch ein Bett frei war. Dieser Gedanke ist mir irgendwann spontan gekommen, weil ich mich ziemlich einsam fühlte. Hatte allerdings nicht damit gerechnet, dass der Dieter auch tatsächlich kommen würde. In unserer Freizeit waren wir immer zusammen.

Essen war im Zentrum noch total kaputt. Es gab viele provisorische Flachbauten mit Kinos, Spielhöllen, Puffs, Lokalen. Die Leute wollten sich einfach vergnügen. So waren wir jeden Tag nach Feierabend unterwegs. Um 14,00 Uhr war unsere Schicht komplett beendet. Da waren wir schon geduscht und fertig angezogen. Dann gab es Mittagessen und danach hatten wir Freizeit. Schon in der Straßenbahn wurden wir durch unsere schwarz umrandeten Augen als Zechenkumpel erkannt, was uns ein wenig abstempelte als niederes Volk. Damals gab es die ersten Filme mit Gina Lollobrigida und Sofia Loren. Auch Vico Torriani wurde auf großen Plakaten angekündigt. Daran hatten wir Freude. Manchmal sind wir zum Baldenaysee gewandert, der noch weiter im Süden von uns lag. Am 04. Juli 1954 hatte ich Geburtstag und wurde 19 Jahre alt. Am selben Tag fand in Bern das Endspiel der Fußballweltmeisterschaft statt. Ich befand mich unten im Schacht auf Arbeit, als die ersten Tore fielen. Das jeweilige Ergebnis stand mit Kreide an den Hunten, sodass wir immer über den Spielstand informiert waren. Im Ruhrgebiet ist die Fußballbegeisterung enorm. Damals ganz besonders wegen Helmut Rahn, dessen Heimatstadt Essen war. Einige Tage später waren wir unter den 100.000 Menschen vor dem Rathaus, die ihn auf dem Rathausbalkon mit den Stadtoberen stehend bejubelten. Deutschland war Weltmeister geworden, und er hatte nicht nur das Tor zum 2:2, sondern auch das Siegtor zum 3:2 geschossen. Irgendwann hatten wir aber keine Lust mehr, den Job dort weiter zu machen und dachten, wir könnten vielleicht unser Glück in Hamburg machen. Eines Tages verdrückten wir uns dort heimlich mit unseren Koffern, unter Zurücklassung einiger Schulden beim Gastwirt, und bestiegen einen Zug nach Bremen, ohne Fahrschein. Das ging gut. In Bremen stiegen wir um, in Richtung Hamburg, auch ohne Fahrschein. Unterwegs war keine Kontrolle. Aber auf dem Hamburger Hauptbahnhof gab es wie überall noch Abfertigungshäuschen. Dort musste man beim Betreten der Bahnsteige seine Fahrkarte „knipsen" lassen bzw. beim Verlassen vorzeigen. Man konnte den Bahnsteig aber auch mit einer Bahnsteigkarte für 20 Pfennige betreten. Da wir nun keine Fahrkarte hatten machten wir einen kleinen Satz über das niedrige Geländer und tauchten im Bahnhofsgetümmel unter. Hinter uns hörten wir nur noch das Rufen und Schimpfen des Kartenknipsers. Er konnte uns nicht folgen. Jetzt waren wir in Hamburg. Damals hatte Hamburg noch 2 Millionen Einwohner und nicht sehr viele intakte Wohnungen. Wir wollten zur christlichen Seefahrt und begaben uns dazu zum Hafen, wo wir im „Seemannshaus", gegenüber den Landungsbrücken, ein Quartier bekamen. Wir suchten nach Arbeit auf einem Schiff. Mein Freund hätte sofort als Schiffszimmerer anfangen können, für mich hatte man nichts. Voraussetzung sei überhaupt erst einmal ein Reisepass. Der kostete 8 Mark, die hatte ich nicht. Das war's dann erst mal mit der christlichen Seefahrt. Um ein paar Mark zu bekommen, gab ich meine Hose ins Leihhaus. So vergingen die Tage und wir vagabundierten durch die Stadt – ohne Ziel und Hoffnung. Eines Morgens war mein Freund verschwunden, unter Mitnahme einiger Sachen, die mir gehörten. Er schrieb mir ein paar Tage später aus Bremen, er sei in einem Flüchtlingslager untergekommen und ich solle doch nachkommen. Man würde auch mich aufnehmen. Wir mussten nur so tun, als kämen wir direkt aus der DDR. Ich wollte nicht schon wieder in ein Lager, wo ich ja auch keine Perspektive gehabt hätte. Deshalb lehnte ich das ab und schrieb ihm, wie enttäuscht ich von ihm sei. Ich war immer noch im Seemannshaus. Man verlangte dort kein Geld für die Übernachtungen. Ich weiß nicht, warum. Mir wurde ziemlich mulmig wegen der eventuell zu erwartenden Rechnung, und so beschloss ich dann eines Tages, auszuziehen. Es gab im Stadtzentrum ein Nachtasyl namens „Pik AS", wo die Gestrandeten unterkommen konnten. Das kostete die Nacht vielleicht 50 Pfennig. Da ging ich hin und merkte, dass dort auch ganz normale Leute wohnten, die einer regulären Arbeit nachgingen. Es war ein großer Schlafsaal mit Doppelstockbetten. In der ersten Nacht hing ich meine letzte Hose über das Ende der Bettbegrenzung. Ein schwerer Fehler, wie sich am nächsten Morgen herausstellte, sie war geklaut worden. Jetzt besaß ich nur noch eine Trainingshose und sonst kaum etwas. Da las ich am Gänsemarkt im Hamburger Abendblatt im Anzeigenteil, dass eine Frau Elma Herrmann, Hausmaklerin in Eimsbüttel, einen Mitarbeiter suchte. Ich fuhr hin und wurde angenommen. Es war eine alte Dame von damals vielleicht 72 Jahren, der aber das Mietshaus in der Lutherotstraße gehörte. Ich erfuhr dann schon in den ersten Tagen, dass sie quasi nur eine Außenstelle der „Neuen Heimat", der größten Wohnungsbaugesellschaft von Hamburg, war. Immer wenn sich jemand bei der Neuen Heimat meldete, der seine Wohnung aufgeben wollte, erfuhr ich das über einen gewissen Herrn Henck oder einen miteingeweihten Kollegen. Ich besuchte dann alsbald den Mieter und teilte ihm mit, dass ich mich im Namen der Fa. Herrmann um einen Nachmieter kümmern würde. Das sei alles für ihn kostenlos. Zuerst waren die Mieter meist verdutzt. Aber, da es nichts kostete, willigten sie ein. Die erste Frage war natürlich, woher wissen Sie überhaupt, dass ich ausziehen will? Ich habe das doch nur der Neuen Heimat mitgeteilt! Meine Standartantwort war, dass dies das Betriebsgeheimnis der Fa. Herrmann sei, worüber ich auch nicht so genau Bescheid wüsste. Ich war ja nur ein kleiner Angestellter. In Wahrheit aber derjenige, der den ganzen Laden am Laufen hielt. Elma Herrmann hatte nur ihren Namen gegeben, sonst aber mit der Sache nichts zu tun. Am Telefon meldete ich mich immer mit tiefer Stimme „Hausmakler Herrmann!" So nahmen die Kunden an, ich sei der Herr Herrmann. Sie sprachen mich auch so an. Ich ließ das zu. Einmal wurde es sehr peinlich. Der Direktor der Margarineunion hatte „Herrn Herrmann", also mich, in sein Büro gebeten, wo ein Vertrag mit einem Dr. sowieso geschlossen werden sollte, der aus Hannover kam und für den die Margarineunion über mich eine Luxuswohnung an der Außenalster anmieten wollte. Treffpunkt war etwa in einer Stunde in einem Gebäudekomplex in der Esplanade. Ich ging nun dort hin zu einer so vornehmen Adresse mit Kleidung von C&A

und in meinem DDR-Wintermantel, der mehrere Kilo wog. Im Vorraum traf ich auf den Dr. sowieso. Er war ganz nett. Wir unterhielten uns. Dann ging die Bürotür auf und eine feine Dame kam auf uns zu, ob wir Dr. sowieso und Herr Herrmann seien. Spätestens jetzt musste ich Farbe bekennen. „Nein, ich bin von der Fa. Herrmann." Ganz peinlich war mir, als sie mir aus dem schweren Mantel half. Aber, vielleicht hat sie gedacht, je schwerer, je teurer. Wer weiß? Im Büro sagte der Direktor zu mir: „Aber ich habe doch erst vor einer Stunde mit Herrn Herrmann telefoniert. Er hat mir zugesagt, selbst zu kommen." Jetzt wurde es schwierig für mich. Ich sagte so etwa, er sei in letzter Minute verhindert gewesen und hat mich geschickt. Er und sein Syndikus wie auch Dr. sowieso gaben sich damit zufrieden, und wir kamen tatsächlich zu dem erwünschten Vertrag. Ich ging dann mit dem Dr. noch ein Stück die Straße entlang. Dabei übergab ich ihm meine Rechnung, die ich sicherheitshalber gleich mitgebracht hatte. Er fand nichts dabei und nahm sie entgegen. Sie wurde auch prompt bezahlt. Damals war Jugend ein Nachteil. Man nahm junge Leute nicht für voll, traute ihnen wohl wenig zu. Das kam alles noch aus der Kaiser- und Hitlerzeit. Nur am Telefon verschaffte ich mir mit meiner tiefen Stimme Respekt. Wenn ich den Leuten dann persönlich gegenüberstand, musste ich meine Scheu überwinden und zudem noch Eindruck schinden. Irgendwie hatte ich dann mehr Kontakt mit Hans Henck bekommen, der mir von seinem Hausmaklergeschäft in Schwerin erzählte und Träume in mir weckte, so etwas gemeinsam auch in Hamburg zu eröffnen. Im Laufe des Jahres 1955 war es dann so weit. Er wollte zunächst noch bei der Neuen Heimat bleiben, und ich sollte ein Gewerbe anmelden, ein Büro anmieten und am Anfang von den Informationen über freiwerdende Wohnungen und deren Vermietung leben, die ich von ihm erhielt. Elma Herrmann war damit ausgeschaltet und betrieb das Geschäft auch nicht weiter. Ich mietete ein Büro (ein schmaler Schlauch) bei Herrn Cohrs Am Wall 1 an. Von dort aus betrieb ich die Geschäfte bis ins Jahr 1956 allein. Es waren dann mehr und mehr eigene Aktivitäten, die den Erfolg brachten. Also nicht nur Neue Heimat-Vermittlungen. Einmal hatte ich die Wohnungen eines ganzen Neubaus allein zu vermitteln. Auch die Großeltern vom Schauspieler Claus Biederstaedt, der damals in aller Munde war, vermieteten über mich. Ich war einmal in ihrer Wohnung. Voller Stolz zeigten sie mir sein Foto, das auf dem Schreibtisch stand. Ich selbst war inzwischen in eine recht feste Laube in Groß Flottbeck gezogen, die Hans Henck gehörte. Sie war doppelwandig und heizbar, hatte eine kleine Küche und einen Garten. Hans Henck wohnte damals noch in Lurup in einem möblierten Zimmer, ziemlich weit draußen. Die Neue Heimat hatte ihren Sitz in Barmbeck, ziemlich entgegengesetzt. Wohl Ende 1955 zogen wir in zwei Zimmer in die Ottenser Hauptstraße 40 in Ottensen, nahe Bahnhof Altona. Vermieter war das Ehepaar Henning, er war Klavierbaumeister. Beide schon 80 Jahre alt. Dann wechselten wir auch das Büro und mieteten einen Raum von 36 qm mit Toiletten- und Küchenbenutzung in den Colonnaden 36 bei Herrmann Ahrens, der am Gänsemarkt eine Musikalienhandlung betrieb. Wir haben öfter Skat miteinander gespielt. Seine Frau war ihm mit ihrem Frauenarzt durchgebrannt und nach Holland gezogen. Es gab Streit um das gemeinsame Kind. Er war damals schon 60 Jahre oder gar älter, sie eine bildhübsche Frau von vielleicht 40. Zwischenzeitlich bewohnte dieses Zimmer der Schauspieler Robert Graf, der später viel zu früh verstorben ist. Danach haben wir es als Büro gemietet. Hans Henck hatte sich nun von der Neuen Heimat getrennt und war in unser kleines Unternehmen mit eingestiegen. Allerdings ohne etwas zu bewegen. Das ärgerte mich maßlos. Ich dachte, er würde nun dank seiner Erfahrung mehr Schwung in die Sache bringen. Da kam aber nichts. Ich war weiter auf mich allein gestellt und machte sehr gute Geschäfte. Einmal kaufte ich eine Wohnung für wenig Geld, weil die Leute schnell wegmussten, und verkaufte sie später wieder für viel mehr. Dazu kam noch die Maklercourtage. Eigentlich hat er gar nichts bewegt. Mehrmals war er im Urlaub auf Borkum, während ich das Geld verdiente. Als ich dann ein Auto kaufen wollte, war er dagegen. So kam es öfter zu Streit, auch wegen seiner Inaktivität. Er hatte zwar langfristige Ziele im Auge. Zwei Villen in Ochsenzoll. Die eine war von X Mietern bewohnt, da fragte ich mich, wer soll die kaufen? Die andere Villa mit Karpfenteichen hatte eine alte Dame, die mit Maklern nichts zu tun haben wollte. Dennoch wandte sich die alte Dame dann später an mich mit der Bitte, das Anwesen zu verkaufen. Es war aber nun meine Endzeit in Hamburg, sodass ich nicht weiß, was daraus geworden ist. Die Jahre in Hamburg waren für mich eine gute Zeit des Lernens. Ich bekam mit, wie es so im Geschäftsleben zugeht, worauf es bei Immobilien und Wohnungen ankam. Es gab zwar viele Besonderheiten, die dem Wohnraummangel geschuldet waren, die aber bei frei finanziertem Neubau keine Rolle spielten. Damals mussten z. B. sog. Baukostenzuschüsse bzw. bei Altbauwohnungen Ablösebeträge vom Mieter gezahlt werden. Die Beträge waren mehr oder weniger erfundene Geschenke an den Vormieter, weil er jemand anderem seine Wohnung überlies. Darauf konnten wir auch Courtage erheben. Niemand regte sich angesichts des akuten Wohnungsmangels darüber auf. Man bezahlte eben – und war froh, eine Wohnung zu bekommen. Ich lernte nicht nur den Umgang im Geschäftsleben, auch das Schreiben mit der Schreibmaschine, das Aufsetzen von Verträgen und all die anderen Dinge, die man als Jungunternehmer beherrschen muss – alles ohne irgendwelche Vorkenntnisse. Das kam mir später in meiner Tätigkeit in der DDR, aber besonders nach der Wende, sehr zugute. Hans Henck hatte später unheimlich viel Glück. Ein gewisser Sayfart, den er wohl von Schwerin kannte, hatte ihm seine Hausverwaltung vermacht. Mit vielen guten Kunden. So kam es, dass er nach mir plötzlich sehr gut dastand. Die Einnahmen kamen von allein. Er brauchte keine Vermittlungen mehr. Im Laufe der Jahre konnte er den Bestand der Verwaltungen weiter erhöhen und hatte z. T. mehrere Angestellte. Dabei hatte ihm wohl auch sein Vorsitz beim Hamburger Hausmaklerverband geholfen. Er war bescheiden und seriös und hatte das entsprechende Alter. Weihnachten 1956 besuchte ich meine Oma in Ribnitz, was ich schon mehrmals davor getan hatte. Damals hatte man wegen der vorangegangenen Flucht nichts von den DDR-

Behörden zu befürchten. Es sei denn, man führte bei der Einreise Schund- und Schmutzliteratur mit sich oder gar Mark der DDR. Einmal hätte man mich fast erwischt. Ich hatte so etwa 2000 DDR-Mark eingetauscht und, in mein Brotpapier eingewickelt, im Koffer verborgen. Hinter Büchen hielt der Zug auf der Ostseite und es kamen Grenzer durch den Zug und forderten mich auf, mit meinem Koffer zur Kontrolle den Zug zu verlassen. Zunächst aber sollte ich vor dem Ausstieg mit anderen warten. Diesen kurzen Moment nutzte ich, um das Papier mit dem Geld aus dem Koffer zu nehmen und mir in die Hosentasche zu stecken. Das war ein Blitzgedanke. Ich dachte wohl, da würden sie vielleicht nicht kontrollieren. Im Kontrollraum war ich dann mit dem Grenzer allein und die Angst stand mir wohl im Gesicht geschrieben. Stück für Stück untersuchte er den Inhalt des Koffers. Auch winzige Päckchen mit Rasierklingen wurden geöffnet. Zwischendurch bemerkte er, eine Leibesvisitation komme auch noch. Das Ganze dauerte ziemlich lange. Bald schon sollte der Zug abfahren. Als er im Koffer nun gar nichts gefunden hatte und die Zeit drängte, schickte er mich ohne Leibesvisitation in den Zug zurück. Mein Aufatmen spüre ich heute noch. Ich wäre glatt als Devisenschieber in den Knast gegangen.

Meine Rückkehr nach Ribnitz

Eigentlich wollte ich nur bis Anfang Januar bleiben. Da meine Oma krank wurde und frühere Bekannte mich überredeten, doch einfach dazubleiben, reifte dieser Gedanke in mir. Ich fuhr dann noch einmal nach Hamburg, um dort alles abzuwickeln. Dann machte ich es wahr und übersiedelte nach Ribnitz, immer aber mit der Gewissheit, ja wieder nach Hamburg zurückkehren zu können, was dann ab 13. August 1961 nicht mehr möglich war. Ich kam zu einer Zeit in die DDR als die Campagne „Industriearbeiter aufs Land" im Gange war. Die Warnowwerft hatte gerade 6000 Leute entlassen, die sich alle in ihren Wohnorten eine Arbeit suchen sollten. Viele aus Ribnitz arbeiteten (oftmals spielten sie auch nur Skat) in der Warnowwerft, da war es für mich schwer, gleich eine Arbeit zu finden. Ich fand nach längerem Suchen eine Stelle als Verkaufsstellenprüfer bei der Konsumgenossenschaft Ribnitz-Damgarten, die ich am 27.4.1957 antrat. Meine konkrete Arbeit war es, in den verschiedenen Geschäften in Ribnitz und auf dem Lande sowie in Gaststätten, die zum Konsum gehörten, Inventuren durchzuführen. Über Land sind wir meistens mit dem Postauto gefahren, ab und zu mit dem Fahrrad, manchmal auch mit dem Bus.

Das war irgendwie romantisch. So waren wir in den Dörfern Bartelshagen I und II, in Trinwillershagen, in Saal, Herrmannshof und Wiepkenhagen, Altheide und Klockenhagen. Am meisten Spaß hatten wir in den Ostseebädern Neuhaus, Dierhagen, Wustrow, Niehagen und Ahrenshoop. In Wustrow haben wir in einem Hotel gewohnt, weil wir in einer Woche mehrere Läden zu inventieren hatten. Überall wurden wir sehr freundlich empfangen. Wir bekamen Essen und Trinken von den Verkaufsstellenleitern, gehörten manchmal schon fast zur Familie. Wenn wir z. B. nach Ahrenshagen kamen, gab es immer eine Gans zum Mittagessen. Wir nahmen am bäuerlichen Mittagstisch Platz und

Ich auf dem Fahrrad, Ribnitz 1957

wurden von der Bäuerin bewirtet. Damals betrieb der Bauer mitunter neben seinem Hof noch eine Gastwirtschaft. Fehlbeträge, die immer auftraten, weil der Wirt von der Kneipe lebte, also sein Bier, seinen Schnaps, seine Bockwurst und seine Zigaretten ohne Bezahlung entnahm, wurden nach der Inventur stets mit Scheck bezahlt. Das war zwar nicht legal, aber wir drückten dann schon beide Augen zu, da dem Konsum ja eigentlich kein Schaden entstanden war. Der Scheck wurde wie Bargeld in den Bestand aufgenommen. Der Wirt sah uns mal beim Mittagessen in einer Gaststätte in Damgarten, gleich bekamen wir ein paar doppelstöckige Schnäpse serviert. Man war halt nett zueinander. Eine junge Kollegin namens Bärbel gehörte zu unserem Kollektiv. Sie war 19 Jahre alt und sehr hübsch. Ich war gleich in sie verliebt. Es war für mich eine sehr glückliche Zeit. Mein Lohn war zwar sehr gering, aber ich hatte große Freude an meiner Arbeit. Wie schon erwähnt, wir wurden überall bestens behandelt, mit Essen und Trinken verwöhnt, man wollte uns eben positiv auf die Inventur „einstimmen". Ich muss sagen, diese Tätigkeit war der Grundstein für meine ganze spätere erfolgreiche Entwicklung.

Mit Bärbel (sie ist 2003 gestorben) hatte ich mich nach Feierabend verabredet. Wir wohnten in Wustrow im Hotel und trafen uns in einem Strandkorb an der Ostsee. Es war im Mai 1957. Ein schöner Abend. Leider gingen wir anschließend in ein Strandlokal, wo getanzt wurde. Wir saßen etwas abseits. Dauernd kamen neidische Blicke männlicher Konkurrenten herüber. Am liebsten hätten sie mir die Bärbel zu sich herübergezogen. Ich war doch damals ein absoluter Nichttänzer und schon deshalb dort fehl am Platze. Ich traute mich aber auch nicht, ihr zu sagen, dass ich am liebsten wieder gehen möchte. Sie tat es dann auf eine sehr nette Art, indem sie mich fragte, ob wir nicht noch ein wenig nach draußen gehen wollen. Nichts lieber als das. Wir haben immer nur miteinander gesprochen. Es kam nie zu einem Kuss oder gar mehr. Das Ganze sollte noch reifen, dachte ich. Außerdem waren wir damals noch sehr zurückhaltend in den Dingen der Liebe. Die Woche ging zu Ende und es war nichts passiert. Einige Zeit später hatten wir uns an einem Sonntag verabredet, um an die Ostsee zu fahren. Da sie in Damgarten wohnte, kam sie mit dem Zug nach Ribnitz. Ich holte sie vom Bahnhof ab. Ich merkte sofort nach ihrer Ankunft, dass etwas nicht in Ordnung war. Sie war eigentlich nur gekommen, um mir zu sagen, dass sie nicht mit mir an die Ostsee fahren möchte. Sie war auch nicht umzustimmen. Ich habe es mit Engelszungen versucht. Es war nicht möglich. So begaben wir uns auf den Weg nach Damgarten, da auch ich in diese Richtung musste, und trennten uns dann etwa am Ortsausgang von Ribnitz. Man merkte ihr allerdings eine erhebliche Verstimmung an, mit der ich aber offensichtlich nichts zu tun hatte. Später arbeiteten wir zwar noch zusammen, aber es kam zu keiner Beziehung mehr. Ich war darüber ziemlich sauer. Und ließ sie das auch spüren. Das war nicht so gut, aber ich konnte ihren Wandel und ihre Entscheidung gegen mich nicht verstehen. Heute weiß ich, woran es lag. Ihr Vater war Oberleutnant bei der Kripo in Ribnitz. Ich war ein Dahergelaufener, der zudem noch aus dem Westen kam. Mit solchen Leuten durfte ein Kripomann überhaupt keinen Umgang haben. Man stelle sich vor, es wäre zu einer Heirat gekommen, der Mann hätte seinen Posten quittieren können. Bärbel machte mir in der Zeit nach unseren ersten Gesprächen auch einen deprimierten und ängstlichen Eindruck. Heute weiß ich, warum. Leider kann ich nicht mehr mit ihr darüber reden. Sie ist 2003 verstorben. Sie wurde nur 65 Jahre alt. Meine jetzige Frau Christel und ich haben ihr Grab auf dem neuen Friedhof in Ribnitz besucht. Etwa 2004 habe ich die Mutter von Bärbel angerufen, sie war damals 93 Jahre und machte am Telefon einen vitalen Eindruck. Sie wohnte immer noch in Damgarten. Als ich meinen Namen nannte, konnte sie sich gleich erinnern. Sie erzählte über Bärbel und war sehr traurig, dass ihre einzige Tochter noch vor ihr verstorben ist. Von ihr weiß ich auch, dass sie später bei der Polizei gearbeitet hat und auch ihr Mann Polizist war. Über die Sache von damals haben wir nicht gesprochen, sie hätte wahrscheinlich alles abgestritten. Im Sommer/Herbst 1957 lernte ich dann Helga kennen, die als Verkäuferin beim Konsum arbeitete. Sie war so freundlich und aufgeschlossen, dass sie mir sehr gut gefiel. Wir trafen uns nach Feierabend und gingen viel spazieren. Sie erzählte mir von ihren Eltern, die ziemlich streng zu ihr waren, ihre 10 Jahre jüngere Schwester Elke immer bevorzugten und ihre Wünsche erfüllten. Einer Heirat wollten sie nicht zustimmen. Ich hatte inzwischen eine eigene Wohnung, die aus einem Zimmer mit Kanonenofen und Waschgelegenheit bestand. Toilette war auf dem Hof, sodass ich immer 2 Etagen hinunterlaufen musste. Ich bekam das Angebot, auch das Zimmer neben mir mieten zu können, wenn wir zu zweit wären. Damals bekam man eine richtige Wohnung bzw. 2 Zimmer nur, wenn man verheiratet war. So kam es zum heimlichen Auszug Helgas aus der elterlichen Wohnung und zu einer langen Zeit des Schweigens zu ihren Eltern. Wir heirateten am 1. März 1958 in der Wohnung von Willi Hinrichs in Damgarten im Beisein meiner Oma und unseres gesamten Vorstands. Danach wohnten wir mehr als 3 Jahre in der Nizzestraße 15 in zwei kleinen Zimmern. Im Herbst des Jahres 1958 machte ich Fahrschule und bekam den Führerschein für PKW, LKW und Motorrad. Die praktischen Fahrstunden fanden auf einem LKW H3A statt, der nur mit Zwischengas geschaltet werden konnte. Das war für mich eine gute Schule, fortan konnte ich jedes Fahrzeug fahren. Nach dem das Schweigen zu den Schwiegereltern gebrochen war, bin ich einmal mit in den Wald gefahren, wo Helgas Vater ständig mit einem H6 Holz aufzuladen und vom Darßer Wald nach Rövershagen zu transportieren hatte. Er tat das immer mit einem Kollegen. Ich war nun der dritte Mann an Bord und arbeitete fleißig mit. Auf der Strecke nach Barth fragte er mich, ob ich Lust hätte, das Steuer zu übernehmen. Mutig sagte ich ja und fuhr dann diesen großen LKW. Es ging alles gut. Damit hatte ich bei ihm Respekt gewonnen, immerhin war ich erst 24 Jahre alt. In meiner Freizeit arbeitete ich an der Schule Ulmenallee als Trainer der Schulsportgruppe Turnen, wofür ich etwas Geld bekam. Bekannte hatten wir nur wenige. Alle waren doch wesentlich älter als wir. Aufgrund der Freundschaft mit Floreks, konnte ich während der Olympischen Spiele 1960 in Rom nachmittags allein in ihrer Wohnung fernsehen. Diese Spiele waren für mich so beeindruckend, dass ich sie nie vergessen habe und viele Einzelleistungen noch heute weiß. Wir waren noch gar nicht lange verheiratet, da wurde die Stelle eines Verkaufsstellenleiters für eine Kleinstverkaufsstelle in der Margaretenstraße in Ribnitz frei. Helga übernahm den Posten, ich half ihr bei der Abrechnung. Ich bewarb mich um den frei werdenden Posten eines Handelsinstrukteurs in unserer Konsumgenossenschaft, den ich dann auch mit immerhin einer Lohnsteigerung von 333 auf 428 Mark bekam. Nur wusste ich nicht so recht, was ich machen sollte. Mein Chef gab mir keine Aufträge, er ließ mich einfach machen, was ich wollte. Er war auch nur 2 Jahre älter als ich. Wir kannten uns von der Schule. So fühlte ich mich mehr und mehr unwohl in dieser Funktion, obwohl ich für meinen Dienst ein Motorrad zur Verfügung gestellt bekam. Als dann Helgas Laden immer mehr Umsatz machte, bewarb ich mich um die Stelle als Verkaufsstellenleiter und bekam sie auch. Helga wurde wieder Verkäuferin. Der Laden konnte nun gut 2 Leute beschäftigen. Vom Konsum bekam ich anfangs ein Moped, später eine 250er AWO. Ich durfte sie auch noch privat und für das Geschäft nutzen, weil wir früh die Brötchen von

Bäcker Müller holen mussten (in einer großen Tüte, die Helga hinten auf dem Motorrad festhielt). Etwa 1960 kauften wir uns eine eigene Maschine, eine 250er MZ. Mit der fuhren wir dann im selben Jahr erstmals etwas weiter in Urlaub – in den Harz. Wir wohnten in Hasselfelde bei einer ganz lieben Familie. Später waren wir dort von Schenkendöbern (unserem späteren Wohnort) aus noch zwei Mal. An den Wochenenden waren wir viel am Strand oder in der näheren Umgebung unterwegs, auch mal auf Rügen, wo wir in Ralswiek die Störtebekerfestspiele erleben konnten. Ansonsten mussten wir ja immer 6 Tage in der Woche arbeiten, selbst am 1. Mai musste ich Eis verkaufen. Es gab eben damals wenig Freizeit, aber wir hatten auch kaum Geld, um größere Reisen zu unternehmen. Man war mit dem Leben auch so einigermaßen zufrieden. Dennoch wollten wir eine andere Wohnung und auch eine größere Verkaufsstelle. Der Konsumvorstand lehnte unser Anliegen mangels eigenen Bedarfs bzw. einer verfügbaren Wohnung ab. Ich gab dann eine Suchanzeige im „Konsumgenossenschafter", einer Konsumzeitung, die in der ganzen DDR gelesen wurde, auf und bekam das Angebot „Landwarenhaus Schenkendöbern" von der KG Guben Land. Bevor wir Ribnitz verließen, konnte ich einerseits den Facharbeiterabschluss als Fachverkäufer und andererseits den Befähigungsnachweis zur Leitung einer Verkaufsstelle bzw. Gaststätte des sozialistischen Handels an der Betriebsakademie erfolgreich mit den entsprechenden Zeugnissen abschließen, was für meine weitere Tätigkeit eine große Bedeutung hatte. Als der Ribnitzer Konsum unsere Kündigung bekam, hatte er plötzlich eine größere Verkaufsstelle für uns und wollte sich um eine Wohnung bemühen. Wir sollten doch bleiben. Das aber taten wir dann nicht. Es wäre auch zu spät gewesen. So kam es zu der Annahme des Angebotes für Schenkendöbern und dem Umzug dorthin. Die Ribnitzer Jahre von 1957-1961 waren eigentlich ganz glückliche Jahre, privat und beruflich war ich nicht unzufrieden, nur die materiellen Umstände waren weniger gut. Der geringe Lohn und die miserable Wohnung waren nun nicht mehr erträglich. Wir wollten etwas anderes. Am 13. Aug. 1961 fand der Mauerbau statt. Die Meldungen überschlugen sich. Es hieß, man wolle den Schiebern und Spekulanten einen Riegel vorschieben. Also den Leuten, die z. B. im Westen wohnten und im Osten für wenig Geld einkaufen gingen, aber auch denen, die im Osten wohnten und im Westen arbeiteten und somit DM-Einkommen bezogen. Beide Gruppen standen sich viel besser als die übrige Bevölkerung. Das war einleuchtend. Und so hatten wir damit kein Problem. Allerdings ahnten wir nicht, dass damit eine totale Reisebeschränkung für alle DDR-Bürger verbunden war, die über Jahrzehnte andauern sollte. Dann sagte Eduard v. Schnitzler noch, dass ein Krieg unmittelbar bevorstand –, und schon waren viele Menschen in der DDR für diese Abschottung, ohne zu ahnen, dass sie selbst so lange davon betroffen sein werden und dass sie nur dazu diente, die ständig zunehmende Flucht aus der DDR zu verhindern. Unsere Pläne standen fest, wir wollten Ende August nach Schenkendöbern umziehen. Vorher war ich mit Willi Hinrichs mit meinem Motorrad schon einmal in Guben und Schenkendöbern. Ich wollte mich bei der Konsumgenossenschaft Guben Land vorstellen und den Arbeitsvertrag festmachen. Willi kam aus Solidarität mit. Ich war für Samstag im Sitz der KG an der Neißebrücke verabredet. Glaubte, dass die KG genauso wie die Ribnitzer Konsumgenossenschaft bis 13 Uhr besetzt sein würde. War aber nicht so. Sie hatten schon um 11 Uhr Feierabend gemacht. So standen wir vor verschlossener Tür am Sonnabend um etwa 11,30 Uhr. Was nun? Wir hofften auf Hilfe von der Post, die wir auch bald fanden, um in einem Telefonbuch nachzusehen. Wir suchten den Vorstandsvorsitzenden Heinz Feller, denn wir wollten ja nicht unverrichteter Dinge zurückkehren. Schon im Postraum sagte man uns die Adresse. Wir riefen ihn an und konnten zu ihm in die Wohnung kommen. Seine Eltern hatten dort im Hause ein Möbelgeschäft. Er empfing uns in seinem Wohnzimmer, auch seine Frau und die beiden Kinder waren dabei. Da wir schon vorher per Brief unsere Bewerbung eingereicht hatten, ging es eigentlich nur noch um den persönlichen Eindruck, den ich auf ihn machte. Der muss ganz gut gewesen sein, denn ich wurde sofort eingestellt. Gleichzeitig bekam ich die

Wohnung im Landwarenhaus zugesagt. Damit war alles perfekt. Jetzt ging es nur noch um den Umzugstermin. Wir waren etwa um den 13. August herum in Guben. Feller sagte, das Landwarenhaus soll zum 7. Okt. 1961 eröffnet werden. Für uns war das kein Problem. Wir konnten schnell unsere Zelte in Ribnitz abbrechen. Ich fragte den Fahrer der Möbelfabrik Schäfer, die unser direkter Nachbar war, ob er den Transport übernehmen könnte. Es kam ein Ja, so stand einem Umzug Ende August nichts mehr im Wege. Beim Konsum hatten wir gekündigt. Während der letzten Tage kam dann der Chef Grieshaber zu mir und fragte, ob wir es uns nicht noch einmal überlegen wollten. Er hätte jetzt eine Wohnung für uns und wir könnten auch den Laden in der Bachmannsiedlung übernehmen. Da war allerdings alles zu spät und das Schicksal nahm seinen Lauf. Wir freuten uns natürlich sehr auf die neue Aufgabe. Ich war mit meinen 26 Jahren auch stolz auf das Vertrauen, das Heinz Feller in mich gesetzt hatte, als er mich so ohne große Nachforschungen einstellte. Ich machte gleich einen Gehaltssprung von 305 auf 505 Mark zzgl. der Umsatzprämien, die es sowohl in Ribnitz als auch in Guben gab. Helga bekam den Lohn einer Verkäuferin wie in Ribnitz auch. Für die Wohnung zahlten wir nur eine ganz geringe Miete, die etwa bei 20 Mark lag. Immerhin hatten wir drei Zimmer, Flur, Küche, Bad, Kellerräume, Zentralheizung, Kalt- und Warmwasserversorgung als Erstmieter in einem Neubau. Für uns, die wir aus den 2 kalten Kammern kamen, war das der pure Luxus. Mit H. Feller hatten wir einen bestimmten Tag vereinbart, an dem wir umziehen wollten. Der Schlüssel für das leere Haus war beim Bürgermeister Arthur Natusch hinterlegt, wo wir ihn uns holen sollten. So sind wir ohne schriftliche Abmachungen per Handschlag mit Heinz Feller verblieben. **10 Jahre in Schenkendöbern** Wir kamen mit dem Möbelfahrzeug etwa früh um 5.00 Uhr, einem schönen, warmen Augusttag, in Schenkendöbern an. Wegen der frühen Stunde blieben wir zunächst mit unserem LKW hinter dem Haus stehen und machten ein kleines Nickerchen. Als Erster kam ein alter, etwas sabbernder Mann in alten Klamotten an das Auto und sagte etwas, was wir wegen der ihm fehlenden Zähne und der schlechten Aussprache gar nicht verstehen konnten. Er und seine Frau waren Flüchtlinge, die im alten Gutshaus wohnten und den Tag überwiegend vor ihrem Schuppen hinter dem Konsum verbrachten. Irgendwie bekamen wir aber doch heraus, wo der Bürgermeister zu finden war. Wir wollten, es war Sonntag, nicht zu früh stören, und warteten noch eine Weile. Dann ging ich zu der Wohnung. Dort war aber nur seine Frau. Ihr Mann sei auf dem Feld, wo er die Arbeit einteilen würde. Es war Erntezeit. Da wurden freiwillige Helfer angeheuert, die der Bürgermeister dann zur Arbeit aufteilen musste. Frau Natusch gab mir dann aber den Schlüssel für das Haus. Der Kraftfahrer des Möbelwagens war wesentlich älter als ich. Nachdem wir das Haus besichtigt hatten, fragte er mich: „Und hier willst du einziehen?" Er war ganz ungläubig angesichts der schönen Neubauwohnung mit Bad, Küche und drei Zimmern. Er dachte, alles wäre wohl ein Irrtum. Nein, es war alles in Ordnung. Wir brachten die Möbel ins Haus, es waren ja nicht sehr viele, und machten uns alsbald auf die Rückreise. Ein paar Tage später fuhr ich dann mit Helga auf dem Motorrad endgültig von Ribnitz nach Schenkendöbern, wo unsere schöne Zeit begann. Die Leute von der Konsumgenossenschaft hatten schon viele Waren geordert, die nun nach und nach eintrafen: Wolle, Strickwaren, Glas, Porzellan, Keramik, Kristall, Radios, Fernseher, Motorräder, Fahrräder, Waschmaschinen, Kühlschränke, Kurzwaren, Textilien und natürlich Lebensmittel. Im Dorf gab es schon einen Laden, der wurde eines Tages dann aufgelöst. Alle Waren wurden von uns übernommen. Dabei halfen alle 22 Mitarbeiter/innen aus der Verwaltung der KG. Es musste ja schnell gehen, da man die Versorgung nicht unterbrechen durfte. Unser Vorstandsvorsitzender war sich nicht zu schade, sich selbst die Deichsel des großen Wagens zu schnappen und ihn durch das Dorf zu ziehen, natürlich unter Mithilfe anderer Kollegen. Es war wie eine verschworene Gemeinschaft. Alle halfen mit, alle packten an, auch beim Einräumen in die Regale. Auch am Eröffnungstag hatten wir viel Unterstützung aus der Verwaltung. Bei der Eröffnung stand eine große Menschentraube vor dem Landwarenhaus. Dann begann der Alltag. Wir hatten 6 Tage geöffnet, samstags bis 13,00 Uhr, danach kam das Großsaubermachen bis etwa 15,00 Uhr. Dann hatten wir endlich Feierabend, Nur nicht im Winter, wenn wir alle 2-3 Stunden die Zentralheizung befeuern mussten. Im ersten Jahr hatten wir noch einen Heizer, der das besorgte. Der starb aber plötzlich. Wir bekamen dann die ganzen Jahre niemanden mehr und mussten alles selber machen. Das große Haus beheizen und alle 3 Wochen drei Tonnen Kohlen in den Keller schaffen. Das war harte Arbeit. Eigentlich wollte der Konsum dafür gar nichts bezahlen. Mit viel Mühe habe ich dann erreicht, dass ich täglich 3 Stunden zu 0,85 Mark je Stunde bezahlt bekommen habe. Wenn wir nicht frieren wollten, mussten wir ja schließlich heizen. Das hat der Konsum, später dann unter anderer Leitung, weiterhin ausgenutzt. Im ersten Jahr machten wir ja auch noch einen tollen Umsatz, so etwa 1 Million Mark. In den folgenden Jahren wurde es immer weniger Umsatz, weil wir dann keine Motorräder und Fernseher mehr bekamen. Diese Dinge wurden in Guben in Spezialläden verkauft. Durch die zunehmende Motorisierung der Bevölkerung auf dem Lande kauften auch immer mehr Leute in der Stadt ein, so nahm unser Umsatz bis auf ca. 450.000 Mark ab. Nach einigen Jahren war ich damit nicht mehr zufrieden und wollte etwas anderes machen. 1964 wurde in Cottbus das Konsumentwarenhaus erbaut. Darin gab es eine große Lebensmittelkaufhalle, für die ich mich als Leiter beworben hatte. Ich bekam eine Zusage. Nach reiflicher Überlegung nahm ich das Angebot nicht an, da mir der Weg zu weit und die Kosten zu hoch waren. Außerdem hätte der Laden ständig ungewollt unter Kontrolle der Mitarbeiter des Warenhauses wie des Chefs gestanden, viele hätten dort eingekauft und kleinste Mängel kritisieren können. Da ich immer gern etwas vom Chef entfernt arbeitete, trugen auch diese Umstände zu meiner Absage bei. Vielleicht war es dennoch ein Fehler, wir hätten in Cottbus beide später vielleicht noch ganz andere Möglichkeiten bekommen, bestimmt auch eine neue Wohnung. Dennoch war 1964 ein sehr glückliches Jahr für uns. Im August erhielten wir über GENEX unser erstes Auto, einen Trabant 601. Das Geld stammte aus der Erbschaft von meiner Urgroßmutter, die aus der Provinz Posen nach Westdeutschland geflüchtet war und dort für den Verlust ihrer Häuser einen Lastenausgleich bekam. Das war ein großes Glück für uns. Nur wenige Leute besaßen damals ein Auto, ich hatte ja immer noch meine 250 MZ. Der 601 ging im Jahr 1964 erstmals in Produktion und so stammte unser Trabant aus der 0-Serie. Kurz danach fuhren wir mit dem Wagen an die Ostsee in den Urlaub, ganz berauscht von dem Glücksgefühl eines Autobesitzes. Hinzu kam, dass endlich nach 6 Jahren unsere Tochter unterwegs war. Tief eingeprägt hat sich unsere erste Reise nach 1945 mit dem Trabant nach Landsberg an der Warthe (heute Gorzow) im Sommer 1965. Damals standen noch beide Häuser, in denen wir gewohnt hatten, auch die Umgebung war noch ähnlich wie vor 20 Jahren. Heute hat sich fast alles verändert, ganze Straßenzüge sind abgerissen, aber nicht wieder aufgebaut worden. Es gibt daher viele leere Flächen in Brückenvorstadt. 1965 wurde unsere Tochter Katrin geboren, so war an eine Veränderung erst einmal nicht zu denken. Wir wollten nun auch etwas mehr Geld verdienen, so übernahm Helga alsbald die Stelle als Verkaufsstellenleiterin in Atterwasch (Nachbardorf), die gerade frei geworden war. In der ersten Zeit wurde Katrin dann von mir versorgt, später nahm Helga sie mit auf dem Fahrrad in die Kinderkrippe. So richtig schmeckte mir die Sache nicht. Immerhin war das für Helga mit sehr vielen Umständen verbunden, was mir ziemlich leidtat. 1967 im Februar kam ich ins Krankenhaus und wurde unnötigerweise am Darm operiert. Man hatte nichts gefunden, dann aber den Blinddarm entfernt, um wenigstens ein Ergebnis vorweisen zu können. Meine Kopfschmerzen, um die es eigentlich ging, wurden aber nicht besser. Ich war mehrfach in Berlin in der Charité wegen meiner Kopfschmerzen. Zunächst in der Nervenklinik, dann in der HNO und zuletzt in der Augenklinik. Man konnte nichts finden. Später war ich bei dem Chefarzt der Peitzer Klinik privat in Behandlung. Er versuchte es mit einer sogenannten Stellatumblockade. Dabei wurde mir eine Spritze 7 cm tief in den Hals gegeben, bis ein bestimmter Punkt erreicht war. Das barg sehr große Gefahren wegen möglicher Verletzungen der Hauptschlagader bzw. anderer Gefäße oder Nervenstränge. Auch das hatte keinen Erfolg. Erst ein alter Internist im Krankenhaus in Guben sagte mir, ich hätte eine „spasmische Lähmung" im Darm, die zu Verstopfungen führt. Das sei die Ursache für meine Kopfschmerzen, insbesondere für die Hinterkopfschmerzen, die bis hin zu Gleichgewichtsstörungen führten. Wenn ich dann mal gut entleert war, waren auch die Kopfschmerzen nicht mehr da. Das machte Sinn. Ich sollte mich darum kümmern, immer für guten Stuhlgang zu sorgen. Leicht gesagt und schwer getan. Ich probierte alles Mögliche aus. Leinöl, Sennesblättertee, Mixturen mit Belladonna, Abführmittel, nichts war richtig von Dauer. Bis ich dann auf den Leinsamen stieß. Ende der 60er-Jahre begann ich damit, täglich vor dem Schlafengehen Leinsamen mit Milch oder Wasser zu nehmen. Von da an besserte sich mein Zustand. Ich habe diesen Leinsamen bis etwa 2003 täglich eingenommen, auch immer während des Urlaubs. Für den Urlaub habe ich mir immer die entsprechende Menge mitgenommen, auch für die 5 Wochen Kenia und Kreuzfahrt im Indischen Ozean. Dann bekam ich immer mehr Probleme damit, den Leinsamen hinunterzuschlucken. Er blieb mir einfach im Halse stecken, was mit Schmerzen und Versuchen verbunden war, durch Zuführung von Wasser die Verkrampfung in der Speiseröhre zu lösen. Ich litt manchmal Höllenqualen. Es ging einfach nicht mehr. So hörte ich mit dem Leinsamen auf. Und siehe da, es ging auch ohne. Es funktioniert wieder alles und Kopfschmerzen habe ich auch kaum noch. Lediglich die in der Stirn, nicht aber die lästigen Hinterkopfschmerzen. Zurück ins Jahr 1967. Der Internist schickte mich im Monat Juni zur Kur nach Potsdam-Neufahrland. Das Heinrich-Heine-Klinikum behandelte solche Verstopfungen mit einem sog. SUDA-Bad. Da bekommt man 10 Liter Wasser in den Darm gefüllt, was dann wie eine Spülung wirkt. Das habe ich aber nicht vertragen und schon den ersten Versuch abgebrochen. Dennoch habe ich dort wunderschöne 4 Wochen verbracht. Es war warm, wir gingen täglich baden und trafen uns nachmittags immer in einer Kneipe nahe der Klinik mit anderen Patienten. Das war so das erste Mal, dass ich mit unterschiedlichsten Leuten ins Gespräch kam und Teil einer Gemeinschaft war. Da reifte in mir der Gedanke, ich muss mein Leben ändern, ich kann nicht auf dem Dorf versauern. Weil der Umsatz zurückging, verlor ich auch Personal und musste oft selbst bedienen. Ich sah darin keine Perspektive mehr. Auch war die Ehe nicht mehr ganz so intakt wie einst. Irgendwie kam es mir komisch vor, dass Helga mich mit einem Bekannten namens Rudi ohne Absprache in unserem Trabi in Neufahrland besuchen kam. Das Auto wurde von Rudi gefahren, da Helga keinen Führerschein besaß. Ich hatte für einen kurzen Moment den Eindruck, die haben was miteinander, wies dann aber den Gedanken wieder von mir. In den 9 Jahren unserer Ehe gab es so etwas nicht und deshalb hatte ich absolutes Vertrauen. Unsere Urlaubsvertretung übernahm stets eine Frau Bagehorn aus der Verwaltung der KG. Wir hatten ein freundschaftliches Verhältnis zu ihr, weil wir uns auch schon kannten, als sie noch in einem Dorf bei Guben Verkaufsstellenleiterin war. Sie bekam während unseres Urlaubs immer auch die Wohnungsschlüssel. In meiner Stasiakte konnte ich dann nach der Wende lesen, dass sie sehr intensiv für die Stasi als IM tätig war und besonders viele Berichte über mich ablieferte. Fast alles, was sie mitteilte, waren Vermutungen und falsche Behauptungen. Z. B. unterstellte sie mir, dass ich nicht zu Arztbesuchen in die Charité nach Berlin gefahren sei, sondern dass ich mich mit westlichen Agenten getroffen hätte. Sie wollte manchmal mit mir mitfahren, um Berlin zu besuchen. Ich lehnte das ab, da ich mit dem Trabi nur bis Königswusterhausen und dann mit der S-Bahn weitergefahren bin. Sie muss auch unsere Wohnung durchsucht haben. In einem Bericht erwähnt sie eine Flugzeuguhr, die sie bei uns gefunden hätte. Ich besaß diese Uhr tatsächlich. Es war nur eine normale Uhr mit Stoppfunktion. Weiterhin ist zu lesen, ich hätte in meiner Verkaufsstelle eine Waschmaschine entwendet. Sie schrieb, auch ihr Mann würde gern für die Stasi arbeiten, ließ aber durchblicken, dass sie selbst gern eine besser bezahlte Stelle bekommen möchte. Als ich das alles gelesen hatte, war ich total entsetzt darüber, wozu Menschen fähig sind.

Kreisdienststelle Guben W.-P.-St. Guben, den 28.3.67
Mündl. entgeg. gen.: GI "Barko"
Ultn. Treffdurchführung

Bericht

Betr.: VST-Leiter R i s t o , Landwarenhaus Schenkendöbern

Über das Verhalten des R i s t o in den letzten 3 Wochen ist folgendes zu berichten.
Er wurde aus dem Krankenhaus entlassen und ist weiter zu Hause. Er beschäftigt sich mit vielen Dingen u.a. auch mit dem Erarbeiten von Kreuzworträtseln.
In der vergangenen Woche erhielt er einen Brief aus Riebnitz/D. Der Absender war Flonk-Schanze.
In der Woche fuhr er zwei Mal in die Stadt und bleibt auch für längere Zeit weg. Er war auch wieder bei Dr. B ü r g e r in Peitz und hat sich mit ihm eine 3/4 Stunde lang unterhalten. Auch führt er Telefongespräche mit ihm.
Hier besteht meines Erachtens noch ein Widerspruch, denn er erklärte einmal, daß er von Dr. Velten an einen Nervenarzt überwiesen werden soll, was soll er dann bei Dr. Bürger.
Kürzlich erhielt er einen Anruf von Papier-Brose, den ich entgegennahm. Als ich ihm das sagte, erwiderte er, was will denn der, mit dem habe ich doch schon jahrelang nichts mehr zu tun. Die von mir erwähnte Flugzeuguhr bei ihm in der Küche ist jetzt weg, nachdem ich mich für sie etwas interessiert hatte. Sie soll aus WD von seinem Onkel sein, welcher Flugzeugführer war, sie hing bisher immer am Küchenfenster.
Weiterhin erfuhr ich in einem Gespräch mit ihm, daß er auf Grund einer Annonce in der Zeitung sich um das Landwarenhaus bewarb und dann nach Schenkendöbern kam.
Seitdem R i s t o wieder zu Hause ist, habe ich schon mehrmals bemerkt, daß er nach Ladenschluß die Kellerräume kontrolliert. Den Schlüssel, welchen ich immer an eine bestimmte Stelle lege, finde ich immer verändert in seiner Lage vor.

Verteiler: gesprochen "Barko"
1 x ....
1 x ....

Frau Bagehorn hat zahlreiche Berichte über mich an die Stasi geliefert. Dieser abgebildete Bericht ist nur einer davon und weist deutlich auf ihr hinterhältiges Verhalten und Vermutungen hin. Z. B. hätte ich einen Brief von „Flonk-Schanze" aus Riebnitz/D. erhalten. Tatsächlich handelte es sich um einen Brief von Lothar Florek, Schanze 4 in Ribnitz, einer gut befreundeten Familie. Die Vermutungen betreffs des Arztes in Peitz sind völlig aus der Luft gegriffen. Ich war dort einige Male privat zur Behandlung, sonst nichts. Dann hat sie beobachtet, dass meine kleine Flugzeuguhr nicht mehr in der Küche war, und behauptet, mein Onkel Richard sei Flugzeugführer gewesen. Ich hatte nur einen Großonkel namens Richard, der 1892 geboren wurde und Oberstadtinspektor von Berlin-Reinickendorf war. Der Flugzeugführer war eine glatte Lüge. Nach einem Einbruch durch die Kellerräume habe ich natürlich nun täglich den Keller auf Ordnung und Sicherheit überprüft, warum berichtet man so etwas der Stasi? Insgesamt waren 11 IM auf mich angesetzt. Hintergrund war meine Rückkehr aus der BRD. Man wollte eben wissen, ob ich tatsächlich aus eigenen Stücken in die DDR zurückgegehrt bin oder ob sich dahinter ein Geheimauftrag verbirgt. Als man merkte, dass die IM keine Fakten liefern konnten, wurde meine Akte 1970 in Cottbus ins Archiv gelegt. Trotzdem wurden später meine Briefe in die BRD gelesen und auffällige Passagen fotokopiert. Auch meine Reisen 1987, 1988 und 1989 in die BRD wurden zwar genehmigt, aber genau beobachtet und in Unterlagen festgehalten.

Meine Zeit bei der HO in Guben

Ich habe dann im August 1967 meinen Entschluss zur Veränderung wahrgemacht und bin zur HO nach Guben gegangen. Dem lag eine Anfrage der HO zugrunde, der ich gern nachkam. Ich sollte eine neu zu eröffnende Kaufhalle am Eingang des Chemiefaserkombinates übernehmen, die aber noch nicht fertig war. So arbeitete ich zunächst in der Verwaltung der HO. Während dieser Zeit erkrankte der Leiter der damals größten Kaufhalle „Zentrum" der HO in Guben an Magengeschwüren. Er war lange im Krankenhaus und ließ verlauten, dass er den Job nicht weitermachen wolle. Es war damit sehr viel Stress verbunden und dann noch die ganzen Probleme mit den Inventurdifferenzen, die immer an dem Leiter hängen blieben. In dieser Situation wurde ich zum Direktor gerufen und gefragt, ob ich vorübergehend die Aufgabe übernehmen wolle. Ich stimmte zu, sagte aber, nicht nur vorübergehend, sondern wenn schon, dann ganz und gar und mit vollem Gehalt. Erst wollte man mich eine Stufe darunter abspeisen. Der Direktor sagte dann am Schluss des Gespräches: „Na dann mal ran an vorderste Front!" Das sagt schon alles über die Aufgabe. Ich hatte inzwischen mitbekommen, dass die Kaufhalle, die ich erst übernehmen sollte, um einiges abgespeckt werden sollte, und am Ende wohl nur ein größerer Laden herauskommen würde. So übernahm ich dann etwa im August 1967, 6 Jahre nach Ankunft in Schenkendöbern, mit 32 Jahren die Kaufhalle „Zentrum" mit all den Problemen, die es dort gab. Helga war vorher von Atterwasch nach Schenkendöbern zurückgekehrt, wo sie die Leitung des Landwarenhauses übernahm. Erst wollte man uns raushaben aus der Wohnung, sah aber wohl ein, dass das nicht ging, wenn Helga das Haus übernahm. Mein Chef Heinz Feller war schon lange weg vom Konsum, jetzt war Wolfgang Jauernick Vorstandsvorsitzender. Irgendwie hat er mir den Wechsel zur HO übel genommen, außerdem war er Stasi-IM, wie ich meiner Akte entnommen habe. Jedenfalls hat er meine ganze Veränderung und die Absicht, in der Wohnung zu bleiben, brühwarm der Stasi mitgeteilt. Das war ganz gut so, sonst wüsste ich manches gar nicht mehr. Während meiner Zeit im Intershop, etwa 1987, hat er mich dort zusammen mit seiner Frau besucht. Nach der Wende habe ich ihn mal angerufen und ihm gesagt, dass ich seine Berichte an die Stasi gelesen habe. Er stritt seine IM-Tätigkeit ab. Ich sagte, ich sei ihm gar nicht böse, weil ich weiß, warum er für die Stasi arbeiten musste (er hatte wegen Republikflucht und einer Rede im Kölner Rundfunk 3 1/2 Jahre in Bautzen gesessen, sein drittes Kind wurde in dieser Zeit geboren; er sah es nach dem Knast zum ersten Mal). Auf gemeinsamen Einkaufsfahrten erzählte er uns unter Tränen immer wieder diese Geschichte, die ihn sehr bewegte. Deshalb tat er mir leid. Uns verband eigentlich ein freundschaftliches Verhältnis. Da änderte sich etwas, als er vom Handelsleiter zum Vorstandsvorsitzenden aufgestiegen war. Da ich ihm einmal im Scherz eine Stasimitarbeit vorwarf und er diese spaßige Aussage unmittelbar seinem Führungsoffizier mitteilte, galt er als enttarnt und wurde als IM nicht mehr eingesetzt. Er wusste davon natürlich nichts, ich habe das alles auch erst nach der Wende meiner Akte entnommen.

Kreisdienststelle Guben W'St. Guben, den 5.7.1968
Schriftlich angenommen: GI "Rudolf"
Ultn. ████████ Treffdurchführung

Bericht

Betr.: Fam. R i s t o - Schenkendöbern

Am 8.3.1968 nach erfolgter Inventur in der Vst. 206 Schenkendöbern verblieb der Unterzeichnete noch für einen Augenblick in der Vst. An diesem Tage war Koll. R i s t o zugegen. Im Verlaufe der Unterhaltung stellte der Koll. R. an den Unterzeichneten u.a. die Frage "sag mal, hat denn das MfS, jetzt wo du wieder entlassen bist, an Dir kein Interesse ? Meistens ist es doch so, daß sie die Leute, welche bei ihnen in U-Haft gesessen haben, später für sich arbeiten lassen".

Nach einem Moment der Überraschtheit antwortete ich ihm: "Ich bin ein viel zu kleiner Fisch für sie, sie lassen mich vollkommen in Ruhe."

Das Ehepaar R. befindet sich z.Z. in Urlaub. Einige Tage verbrachten sie in der CSSR. Das Kind befand sich bei den Eltern der Frau R. Am 1.7.68 war ich zum Vst.-Besuch in Schenkendöbern. Mir wurde von Frau F e i s t mitgeteilt, daß Fam. R. zu den Eltern gefahren ist, um das Kind abzuholen. Weiter sagte Frau F e i s t , der Koll. R. darf nicht zu den Eltern und schläft wohl bei einem Kumpel. Frau R. soll wohl u.a. die Befürchtung ausgesprochen haben, daß sie glaubte, das Kind würden die Eltern nicht nehmen, da der Vater nicht mehr hinkommen darf.

Verteiler: gez. "Rudolf"

1 x ....

1 x ....

Im Bericht sind seine Informationen nachzulesen. Sein Pseudonym bei der Stasi war „Rudolf". 1968 gab es erneut ein freudiges Ereignis, wir durften in Barth den kurz vor unserem Umzug nach Schenkendöbern bestellten Skoda MB 1000 abholen. So fuhren wir nach 4 Jahren Trabant einen schönen neuen Viertakter. Im Sommer machten wir dann gleich unseren ersten Auslandsurlaub in der CSSR. Die Kaufhalle „Zentrum" war wirklich ein schwerer Brocken. Viel zu wenig Personal, vor allem ab 16 Uhr, wenn die Leute vom CFK zum Einkaufen kamen. Das Brot aus Eisenhüttenstadt wurde manchmal erst abends um 19 Uhr geliefert, da hatte sich schon eine lange schimpfende Traube von Menschen gebildet. Kam das Brot ofenwarm, war es im Nu alle und ich hatte am nächsten Tag kein Brot mehr. War es altbacken, schimpften die Leute wie die Rohrspatzen und nahmen nur ein halbes Brot. Am nächsten Tag war es dann noch härter. Die gesamte Versorgung war ein Auf und Ab. Die Kunden ließen natürlich bei uns die Luft ab, obwohl das Ganze einfach in dem System der „bedarfsgerechten Versorgung" lag, die man einfach nicht planen kann. Außerdem mussten sich ja die Hersteller und Lieferanten vor Ort den Protesten der Bevölkerung nicht stellen, dafür waren wir ja da. Ein Bürger namens Brendel fiel besonders unangenehm auf, indem er sofort mich für alles verantwortlich machte und gleich zu mir nach hinten kam, sich wie der Vertreter aller Kunden aufführte und so tat, als ließe sich das alles mit Leichtigkeit regeln. Als mir das zu viel wurde, sagte ich ihm, er könne ja in den HO-Beirat eintreten und selbst „als Stimme des Volkes" mit den Lieferanten telefonieren und für Besserung sorgen. Er tat das auch, nur es änderte sich nichts, weil sich im System nichts änderte. Aus meiner Stasiakte ist zu entnehmen, dass er IM war und intensiv über mich berichtet hat. Anfangs waren seine Aussagen über mich recht negativ, zum Schluss aber, als wir uns näher kannten, berichtete er sehr viel Lobendes über mich. Einmal behauptete er sogar, die Inventurdifferenzen hätte ich mir in die Tasche gesteckt. 1970 hatte dann selbst die Stasi wohl von solchen Informanten die Nase voll und schloss meine Akte, die danach ins Archiv nach Cottbus wanderte.

Indikate für Verlag

Kreisdienststelle Guben   WPSt. Guben, den 15.01.1970

BStU
000151

Abschlußbericht

zum operativen Material R i s t o , Hans-Joachim

Im operativen Material wurde die Person:

R i s t o

Hans-Joachim

geb. am 04. 07. 1935 in Berlin-Neuköln

wohnhaft in Schenkendöbern, Landwarenhaus

Vst.-Leiter "Zentrum"

HO-Kreisbetrieb Guben

unter operativer Kontrolle gehalten.

Genannter ist Rückkehrer aus Westdeutschland. Bis 1964 wurde er wegen Verdachts der Spionage von der KD-Ribnitz-Damgarten (Bez. Rostock) in der VA-operativ, Reg. Nr. I 3078/64 bearbeitet.
Seit seiner Arbeitsaufnahme 1965 im Kreis Guben wurde die operative Kontrolle der Person ausgeübt.
In der bisherigen Bearbeitung wurden offizielle und inoffiziell keinerlei Verdachtsmomente für eine staatsfeindliche Tätigkeit des Risto erarbeitet (siehe auch Seiten 68 - 70, 110 - 112).
Die Person tritt gegenüber unbekannten Menschen vorsichtig auf und schließt nicht gern Bekanntschaften. Auch innerhalb des Bekanntenkreises wird er als undurchsichtig eingeschätzt, ohne daß aber näher erläutern zu können.
Im HO-Kreisbetrieb leitet er die größte Verkaufsstelle und wurde für seine gute fachliche und gesellschaftliche Arbeit bereits mehrfach ausgezeichnet.

- 2 -

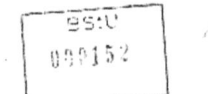

Er gilt als Schrittmacher. Bei politischen Höhepunkten tritt er gesellschaftlich sehr aktiv in Erscheinung (siehe Seite 96, 1o5 - 1o7).

Alle bisherigen IM-Berichte tragen zur Aufklärung des Persönlichkeitsbildes bei, enthalten jedoch keine Verdachtsmomente die eine Bearbeitung rechtfertigen.
Im einzelnen sind die IM-Berichte stark subjektiv und qualitativ unterschiedlich.

Da durch die operative Kontrolle keine Bestätigung für eine feindliche Tätigkeit des Risto erarbeitet werden konnte, wird vorgeschlagen, die Handakte des op. Materials in der Abteilung XII der BV Cottbus zur Ablage zu bringen. Es erfolgt gleichzeitig eine Rückstufung des Risto in der Kartei der Rückkehrer von der Kategorie III auf II.

Leiter der Kreisdienststelle   Sac Bearbeiter

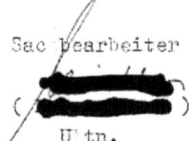

(▓▓▓▓▓▓)   (▓▓▓▓▓▓)
   Hauptmann   Ultn.

Dieser Bericht fasst die Ergebnisse der Informationen über mich zusammen und stellt keine feindliche Tätigkeit fest. Die Informanten-Berichte werden als stark subjektiv und qualitativ unterschiedlich bewertet. Im Jahre 1968 begann die DDR, mehr Wert auf die ökonomischen Ergebnisse zu legen. Ich wurde deshalb zu einem Lehrgang an die Betriebsakademie nach Sallgast delegiert und habe dort den Befähigungsnachweis zur Leitung einer „ökonomisch selbstständigen Kaufhalle" erworben. Unsere Ehe ging nicht mehr besonders gut, obwohl wir in den wirtschaftlichen Dingen zusammenhielten. In einem Urlaub im Juni 1968 in der CSSR, den wir mit unserem neuen Skoda genossen haben, wurde ganz unabsichtlich Tochter Antje gezeugt. Wir hatten weitere Kinder nicht geplant. Helga war später, nachdem sie von der Schwangerschaft erfuhr, ganz unglücklich und wollte das Kind nicht haben. Abtreibung war damals noch nicht möglich. So war ich es, der ihr Mut machte, dass wir es auch mit 2 Kindern schaffen werden. Ich redete auf sie ein, damit sie zu einer positiven Haltung kommen konnte. Letztendlich hat sie die Schwangerschaft dann auch akzeptiert und sich später sehr über unsere Tochter Antje gefreut, die im März 1969 zur Welt kam. Die CSSR war für uns Neuland. So besuchten wir viele schöne Orte wie das Isergebirge, Marienbad, Karlsbad, Pilsen, Melnik und die Schneekoppe. In dem Dorf, in dem wir unser Quartier hatten, gab es ein Freibad, das wir fast täglich mit viel Freude nutzten. Wir waren aber auch in Terezin (Teresienstadt), haben uns die mehrstöckigen Betten in den Baracken angesehen und standen vor der Erschießungsmauer. Zutiefst beeindruckt von dem, was wir über die Leiden der Menschen in diesem Lager erfuhren, verließen wir äußerst nachdenklich diesen Ort des Grauens. In der CSSR war 1968 eine Wahnsinnsstimmung in der Bevölkerung. Alexander Dubcek war Partei- und Regierungschef geworden. Er vertrat eine von der Sowjetunion unabhängige Politik, sein Sozialismus sollte „ein menschliches Antlitz bekommen". Er fing an, das Land zu reformieren. Die Tschechen konnten plötzlich reisen, die Grenzen waren offen. Unsere Gastgeber waren gerade aus Rom zurückgekommen mit vielen Dias, die sie uns vorführten. Alles war voller Hoffnung, dass sich die politische Großwetterlage gründlich ändern würde. Da schlug Breschnew am 21. August 1968 mit Panzern zu und aus war der Traum. Dubcek wurde verschleppt und an die Macht kam der ungeliebte Slowake Gustav Husak. Die weitere Geschichte ist bekannt. Im alten Gutshaus von Schenkendöbern wurde zu dieser Zeit ein Kindergarten eröffnet, sehr zu unserer Freude. Allerdings nahm man Kinder erst ab 3 Jahren. Wir hatten uns mit der Leiterin angefreundet. Sie nahm dann Katrin schon mit 2 ½ Jahren auf, war sehr lieb zu ihr und brachte sie uns oft sogar nach Hause, wenn sie Feierabend hatte. Helga hatte noch lange freundschaftliche Beziehungen zu ihr, vor allem auch zu der Zeit, als Antje so etwa 1 Jahr alt war. Auch sie wurde von Frau Lilienthal oft betreut. Zu der Zeit war ich ja schon in Guben tätig und Helga war mit dem Landwarenhaus voll ausgelastet. Irgendwann in dieser Zeit erwischten wir eine Verkäuferin beim Diebstahl. Helga merkte, dass die für unsere Zwecke zurückgelegten Zigarettenschachteln immer weniger wurden. Ich war, wie gesagt, schon in Guben tätig, stand aber immer für Hilfen zur Verfügung. Wir zählten dann die Schachteln und warteten einige Tage. Und siehe da, es fehlten wieder welche. Dann machte Helga eines Abends eine Kontrolle bei der Verkäuferin, als diese nach Hause gehen wollte. Da fand sie nicht nur die Zigaretten, sondern so ziemlich den ganzen Einkauf, der nicht bezahlt war. Die Familie der Verkäuferin gehörte zu unseren besten Freunden. Wir gingen dort ein und aus. Natürlich musste sie entlassen werden. Es war für uns eine arge Enttäuschung, zumal diese Verkäuferin durch einen aufwendigen Einsatz selbst einmal einen Kundendiebstahl aufgedeckt hatte. Unsere Freundschaft war damit schlagartig beendet, trotzdem sich ihr Ehemann bei uns recht verzweifelt entschuldigte. Obwohl die Zigaretten für ihn bestimmt waren, wusste er von dem Diebstahl durch seine Frau nichts. An ihrer Stelle wurde dann eine Dame als Verkäuferin eingestellt, die uns seit einiger Zeit als Kundin aufgefallen war, sie wohnte in Pinnow in der Försterei. Ihr Mann saß noch im Gefängnis. Er hatte als Forstingenieur gearbeitet. Sein „Vergehen" war eine Reise nach Ungarn mit seinen Mitarbeitern, die sie sich von einer Prämie leisteten, die sie für das zügige Schlagen einer Trasse durch den Wald zum Bau einer Überlandleitung von dem Stromunternehmen bekommen hatten. Das wurde ihm als Leiter des Kollektivs als Unterschlagung angerechnet. Er hätte das Geld wohl an den Forstbetrieb abführen müssen. Dafür bekam er 2 ½ Jahre Gefängnis und wurde danach nach Pinnow als Revierförster strafversetzt. Die Frau musste mit 2 Kindern die Wohnung räumen und nach Pinnow ziehen, wo sie in der Oberförsterei unterkam. Ihr Mann Hermann war noch im Gefängnis. So musste sie dringend Geld verdienen und fing bei uns als Verkäuferin an. Wir schlossen gleich Freundschaft mit ihr und später auch mit ihrem Mann, als er dann entlassen war und nach Pinnow nachgezogen kam. Der Oberförster Gerd führte draußen in Pinnow in dem einsamen Forsthaus mit seiner Frau ein herrliches Leben. Sie hatten ja so gut wie keine Kontrolle, gingen viel und gern auf die Jagd, oft mit seinem Bruder aus Schenkendöbern. Außerdem kam immer jemand aus Leipzig dazu, der alle möglichen exquisiten Sachen wie gutes Bier, Whisky, Weine, Südfrüchte und andere Leckereien mitbrachte. Durch unsere Bekanntschaft mit unserer neuen Verkäuferin und ihrem Mann waren wir da öfter eingeladen, das waren richtige Gelage, die wir in vollen Zügen genossen haben. Da alles vergänglich ist, war das auch nur von kurzer Dauer. Hermann bekam eine Stelle im Ingenieurbüro der Forstwirtschaft in Cottbus angeboten, griff zu, und bald waren sie dann weg. Wir haben dann nichts mehr von ihnen gehört. Erst 2006 habe ich wieder Kontakt zu seiner Frau aufgenommen und sie im Sommer 2007 in Cottbus besucht. Ihr Mann war vor ein paar Jahren im Alter von 72 Jahren gestorben. Sie hat aber durch ihre zwei Kinder eine große Familie und wohnt in einem kleinen Haus am Rande der Stadt. Der Kontakt hält immer noch an. Sie wurde im Herbst 2020 88 Jahre alt. So etwa 1969/70 lernte ich durch die HO in Guben Siegfried Kriegel kennen. Er war Gastronom und gerade von Alt-Schadow nach Guben gezogen. In Alt-Schadow war er Leiter des Gästehauses der Kreisleitung der SED Guben. 1. Sekretär war damals langjährig ein gewisser Slapke, bei Kriegel war das natürlich Schlappke. Er war sehr nett, lud uns zu sich ein und hatte prima Ideen, wie man die Gubener ein bisschen aufmischen kann. Das fing damit an, Wurst- und Schinkenwaren aus dem Erzgebirge, wo er ursprünglich herkam, heranzuschaffen und damit meine Kaufhalle attraktiver zu machen, denn, gute Wurst- und Schinkenwaren waren knapp und limitiert. In Olbernhau fanden wir einen Fleischbetrieb, der bereit war, uns monatlich eine Tonne solcher Ware zu liefern. Die Ware wurde von unserem HO-Lieferwagen jeden Monat dort abgeholt. Immerhin war diese Bereitschaft bei unserer Leitung vorhanden. Da kam natürlich bei anderen in der HO Neid auf. Wir setzten noch eins drauf. Fuhren los und suchten verschiedene Schnapsfabriken im Erzgebirge auf. In Bockau, in Schlettau und in Lauterbach. Überall hatten wir Erfolg. Wir konnten bei den meist privaten Herstellern sehr begehrte Liköre und Weinbrände ordern. Am besten lief das Geschäft mit einer kleinen privaten Schnapsbrennerei in Lauterbach, die auch die berühmten „Lauterbacher Tropfen" herstellte. Der alte Inhaber, Ernst F. Ullmann, führte uns durch die Produktionsräume, es waren mehr Kellernischen als sterile, helle Räume. Dort mussten wir alle Sorten Liköre probieren, bis wir blau waren. Zum Schluss lud er uns in seine Wohnung ein und gab uns noch einen, vielleicht auch mehr, selbst gemachten Weinbrand zu trinken. Weinbrand durfte er nicht herstellen, wegen der staatlichen Konkurrenz, ebenso war es verboten, blauen Schnaps herzustellen, wegen der Verwechslungsgefahr mit Tinte. Trotzdem schenkte er uns einige Flaschen von seinem berühmten Schnaps „Blaue Maus". In Bockau bekamen wir den Likör „Angelika" (Engelwurz) mit kristalliertem Halm, der sich sehr gut verkaufte. In Schlettau waren es diverse Liköre. Wir gingen für die DDR-Verhältnisse ganz ungewöhnliche Wege, um an Ware zu kommen. Der Gipfel war ein Vertrag mit der Plauener Sternquellbrauerei über die Lieferung von monatlich 450 Kästen Goldkäppchen Sternquellpils, ein Bier, dass nur in Interhotels und auf der Fähre Saßnitz-Trelleborg verkauft wurde. Wir hatten die Brauerei besucht und wegen dieses Bieres angefragt. Null Chance war die Antwort, keine Kapazitäten. Dennoch habe ich meine Telefonnummer hinterlassen, falls doch mal etwas übrig sein sollte. Etwa Anfang Dezember 1969 kam ein Anruf, ob wir in der Lage wären, 450 Kästen Leergut bereitzustellen, man würde uns dann 450 Kästen Goldkäppchen liefern. Ich konnte es nicht fassen. Sofort habe ich mich mit dem Leiter unseres Getränkebetriebes in Verbindung gesetzt und angefragt, ob er bereit wäre, uns 450 Kästen Leergut zu leihen. „Kein Problem", sagte Otmar Proske, „wenn ich immer mein Bier von euch bekomme." Er war auch so eine Ausnahmeerscheinung, der sich über alle eingefahrenen Gleise hinwegsetzte und ganz unkonventionelle Entscheidungen traf. Ich konnte ihn gut leiden, wir verstanden uns bestens. Schon bald löste das den besonderen Neid der anderen Kaufhallenleiter aus. Wir bekamen ein Bier, das sie nicht erhielten, was zudem noch heiß begehrt war. Man beschwerte sich an allen möglichen Stellen. Ich sollte davon abgeben, tat es aber nicht. Die bessere Gubener Gesellschaft, SED, Rat der Stadt und andere bestellten bei mir das Bier kastenweise. Das ging so lange gut, bis ich im April 1973 die Kaufhalle abgab. Danach wurde rasch das Bier auch an andere Kaufhallen umverteilt. Etwa zu dieser Zeit lernte ich Jutta bei einer Tagung in Cottbus kennen. Es funkte zwischen uns. Sie war mit ihrer Ehe nicht zufrieden und auch ich hatte gemerkt, dass etwas nicht mehr stimmte in unserer Beziehung. Wir trafen uns dann ein Mal im Monat in Cottbus. Sie kam mit ihrem Auto aus Hoyerswerda und ich mit meinem Skoda. Jutta war stellvertretende Kaufhallenleiterin, später dann Werbeökonom im Kaufhallenverband. Sie ließ sich scheiden und ich folgte ihr, nicht aber ohne versucht zu haben, die Ehe mit Helga doch noch irgendwie zu retten. Ausschlaggebend war Weihnachten 1970, wo Helga jede Gemeinsamkeit vermissen ließ und auch nicht umzustimmen war. Mir war klar, dass da ein anderer Mann dahinterstecken musste, dachte aber, dass sie nicht ernsthaft eine Trennung wollte. Danach sprachen wir dann über Scheidung. Sie war schnell einverstanden, für meinen Geschmack zu schnell. Immerhin hatten wir ja keinen Streit oder etwa große Auseinandersetzungen. Meine Bedingung war allerdings, Katrin zu behalten, die mir ganz besonders ans Herz gewachsen war. Antje war noch zu klein. Ich hatte auch durch meine Arbeit in Guben wenig Umgang mit ihr. In der letzten Zeit, also etwa Januar bis März 1971, lebten wir so gut wie getrennt. Antje war meist bei der Kindergärtnerin in Betreuung. Es war ja auch alles entschieden. Ich zog dann im April 1971 nach Guben und holte kurz nach der Scheidung Katrin in Schenkendöbern bei Helga ab. Auch dieses letzte Zusammentreffen war bezeichnend. Helga ging mit Sportwagen, in welchem Antje war, und Katrin daneben in Begleitung eines mir fremden Mannes durch das Dorf spazieren. Das hat sie vorher nie getan. Ich fragte sie, was das mit diesem Mann auf sich hätte. Helga: „Der hat mir einen großen Ring geschenkt." Hatte ich nicht gemacht, mich aber darum gekümmert, dass es der Familie immer gut ging, was damals nicht so selbstverständlich war. Voller Hoffnung ging es nun in die neue Lebensphase. Jutta brachte ja 2 Kinder mit in die Ehe, die wir im Juni 1971 schlossen. Hans-Joachim war 14 und Constanze mal gerade 2 Jahre alt. Das schien mir damals alles kein Problem. Jutta übernahm dann eine kleine Kaufhalle der HO. So waren wir beide natürlich ziemlich stark belastet, dazu die drei Kinder. Alle mussten mithelfen, sonst wäre es nicht gegangen. Katrin wurde im September eingeschult, nachdem sie vorher noch für kurze Zeit einen Kindergarten in Guben besucht hatte. Constanze war in einer Kinderkrippe. Jutta wollte immer weg von Guben, sie fürchtete ein Zusammentreffen mit Helga, war wohl auch auf meine Vergangenheit eifersüchtig. Wir wohnten in der Helmut-Just-Str. 2 in einer 2 ½ Zimmerwohnung mit Ofenheizung. Es lief ein Wohnungsantrag für eine 4-Raum-Neubau- Wohnung in der Kaltenborner Straße. Die HO hatte uns zugesagt, dass wir die nach einer bestimmten Wartezeit bekommen sollten. Zwischenzeitlich bemühten wir uns sehr intensiv um eine andere Arbeit – als Gaststättenleiterehepaar. Das war insbesondere Juttas Vorstellung, andererseits aber auch eine der wenigen Möglichkeiten, anderswo eine Wohnung zu bekommen. Ein einfacher Umzug innerhalb der DDR war gar nicht möglich. Immer musste dir ein Betrieb neben der Arbeit auch eine Wohnung bereitstellen. So waren wir an vielen Wochenenden unterwegs, um uns Gaststätten in der ganzen DDR anzusehen. Z. B. in Goldberg in der Nähe von Güstrow an einem schönen See. Da hätten wir das Haus kaufen müssen, weil der Eigentümer und Wirt von den Behörden aufgefordert worden war, die Gaststätte aufzugeben. Er hatte Verwandtschaft in Schweden und der Gaststätte gegenüber lag ein Objekt der NVA. Die Offiziere gingen bei ihm ein und aus. Derartige Beziehungen waren einfach nicht erlaubt, deshalb die Aufforderung, die Gaststätte aufzugeben. Wir hatten aber die 40.000 Mark nicht, die er haben wollte. Eigentlich eine lächerliche Summe für ein ganz tolles Objekt. Es scheiterte am Geld. Dann hatten wir weitere Objekte im Norden im Auge, in einem Dorf (Kuchelmiß) wollte man uns ein Haus bauen, wenn wir die Gaststätte der LPG übernähmen. Das war uns einfach zu viel Arbeit. Große Feiern mit bis zu 400 Gästen. Außerdem fehlte uns ja jede Erfahrung. Dann erhielten wir das Angebot im Erzgebirge von der HO, die Gaststätte in Marienberg-Gebirge zu übernehmen. Während der Verhandlungen ging die Gaststätte an die VVB Wälzlager/Normteile Karl-Marx-Stadt über. Sie kam in die Verwaltung des Federnwerkes Marienberg, das ein neu erbauter Betrieb der VVB war.

Die Zeit in Marienberg

Schon in Guben gab es mitunter Streit zwischen Jutta und mir. Am Anfang hatten wir in Marienberg viel Arbeit mit der Einrichtung der Gaststätte, es fehlten viele Ausrüstungen für einen ordentlichen Betrieb, die ich heranschaffen musste. Das Objekt war noch nicht komplett fertiggestellt, war aber längere Zeit frei zugänglich, sodass zahlreiche Ausrüstungen verschwunden waren. Die beiden Großen mussten in der Schule untergebracht werden, Constanze kam in die Krippe des Federnwerkes, wo sie jeden Tag hingebracht werden musste und ebenso wieder von mir abgeholt wurde. Neben der Arbeit war das eine ziemliche Belastung. Wir kamen dort am 04. April 1973 an. Es lag ca. ½ Meter Schnee, die Eiszapfen an der Dachrinne des Saales waren beindick und hatten Bodenberührung. So etwas kannte ich bis dahin noch nicht. Stellenweise war der Schnee 2 Meter hoch aufgetürmt, da musste ich mit dem Skoda durch, um zum Wareneinkauf in die Stadt zu fahren bzw. zum Federnwerk. Für mein Auto mit Hinterradantrieb waren das ungewohnte Verhältnisse. Manchmal dachte ich, es geht nicht weiter, der Schnee und dann die Anstiege, allein von Marienberg bis nach Marienberg-Gebirge waren das ca. 200 Höhenmeter. Bald aber schmolz der Schnee und ich konnte nun erleichtert wieder überall hinfahren. Das war auch nötig, weil so viele Dinge zur Eröffnung fehlten. Z. B. Gläser, Kaffeetassen, Servierschränke, Tischwäsche zum Wechseln und vieles mehr. Außerdem musste ich die Lieferverträge mit der Brauerei, der Fleischerei, dem Bäcker, dem Lebensmittelgroßhandel und dem OGS-Großhandel abschließen. Die Gaststätte gehörte ja nicht zur HO oder zum Konsum, sondern musste außerhalb der üblichen Touren beliefert werden. Laufend musste ich dafür sorgen, dass die Propangasflaschen gefüllt waren. In der Küche wurde mit Propangas gekocht. Am Anfang hatte ich keine Helfer, das Personal trat erst kurz vor der Eröffnung seinen Dienst an.

Zur Eröffnung Gaststätte „Dorfheim", der 2. rechts oben bin ich, neben dem Koch meine Frau Jutta

Das Federnwerk drängte uns aber nicht. Es kamen noch ständig Handwerker, die zahlreiche Mängel beseitigen mussten. Von der Straße musste man eine größere Treppe bis zum Eingang überwinden, hier fehlte noch das Geländer, was dann in der Lehrwerkstatt des Koll. Hans Keller angefertigt und aufgebaut wurde. Mein Chef war der Direktor für Kader/Bildung des Federnwerkes, mit dem ich zunächst gut klargekommen bin. Bei den Gehaltsfragen war er aber etwas schwierig. Im Erzgebirge wurde im Allgemeinen wenig verdient. Da waren unsere Gehälter von 900 und 750 Mark plus 2% vom Umsatz ziemlich viel. Später empörte sich die Lohnbuchhaltung schon darüber, dass wir so viel verdienten. Ab dem Jahr 1974 wollte man das ändern, was aber für uns keine Rolle mehr spielte, da wir am 22. Dez. 1973 Marienberg verlassen haben. Die Tage bis Jahresende waren Überstunden und Urlaub. Die Gaststätte in Marienberg hatte neben zwei Gasträumen einen Saal für ca. 200 Personen mit Bühne, Schmink- und Umkleideräume, ein Tonstudio, von dem aus der Saal beschallt, die Beleuchtung gedimmt und der ganze Saal überblickt werden konnte. Die Gaststätte trug den Namen „Dorfheim". Sie war nach dem Kriege von den Bürgern aufgebaut worden, sodass sie sie als ihr „Dorfheim" betrachteten, obwohl sie das Federnwerk mit Saal, Bühne, mehreren Bühnenvorhängen, Kinoleinwand, Tische und Bestuhlung völlig neu ausgebaut und ausgestattet hatte. Neben der Gaststätte befand sich die sogenannte Industriezweigakademie der VVB Wälzlager/Normteile mit Internat. Die ca. 50 Teilnehmer mussten von uns 3 Mal die Woche mit jeweils 5 Mahlzeiten und an den Ruhetagen Montag und Dienstag mit Frühstück versorgt werden. Darunter war auch der Ungar Zoltan Szigethy, mit dem ich zum Thema Urlaub in Ungarn ins Gespräch kam. Er vermittelte uns den Urlaub im Jahre 1974 bei seinem Onkel Benedek Nemeth, der einen Sommersitz direkt am Balaton hatte. In den Folgejahren habe ich dort wundervolle Urlaube verbracht. Im Mai 1973 konnten wir die Gaststätte endlich eröffnen. Einige Dorfbewohner (Marienberg- Gebirge ist ein Teil von Marienberg, aber doch mehr mit Dorfcharakter) provozierten gleich am Anfang. Sie vermissten einen Stammtisch, wollten Doppelkopf spielen und meinten, von einem „Berliner", wie ich genannt wurde, sei in Sachen erzgebirgischem Heimatgefühl nicht viel zu erwarten. Dennoch kamen sie natürlich in die Gaststätte, sachlich gab es ja nichts zu beanstanden, schließlich waren die Bedienungskräfte Ortsansässige. Bei der ersten großen Veranstaltung des Sportvereins waren 240 Menschen in Saal und den Galasträumen. Der Ortsparteileiter **Dörfel** stimmte das Lied an: „Wir woll'n unsern alten Kaiser Wilhelm wieder hab'n". Es war Spaß, aber auch ein wenig gegen mich gerichtet. Man hätte eben lieber einen Wirt aus dem Erzgebirge. Allzu sehr hat mich das nicht angefochten, wusste ich doch um die Ziele der VVB und des Federnwerkes. Sie wollten aus der Gaststätte mehr eine Klubgaststätte machen, in der ihre Betriebe ihre Betriebsfeiern ungestört und ohne Öffentlichkeit durchführen konnten. Einmal waren die Schwimmweltmeister des Jahres 1973 zu einer Extrafeier geladen. Auch große Abteilungen des Federnwerkes machten ihre Brigadefeiern bei uns. Einmal wollte eine Männerbrigade feiern. Sie fragte mich, ob ich nicht einen Frauenbetrieb dazu laden könnte. Das gelang mir über die Einladung eines Bekleidungsbetriebes. Wir hatten im Saal eine Bar eingerichtet und ich legte die Musik der damaligen Zeit auf (u. a „Der Mann mit dem Panamahut", „Fiesta Mexikana"), dämmte allmählich das Licht, so wurde die Stimmung großartig, man tanzte wie in den 7ten Himmel hinein. Später wurde mir sehr dafür gedankt. Auf der anderen Seite wollten aber einige Dorfbewohner mehr Zugang zu der Gaststätte haben und so eine Art Stammkneipe daraus machen. Das passte nicht mit meinen Auflagen zusammen, die ich vom Federnwerk erhalten hatte. Es hatte ja die Gaststätte neu errichtet und wollte sie auch entsprechend für sich nutzen. Ich stand dabei zwischen Baum und Borke. Eines Tages wurde ich zum Bürgermeister Braune bestellt. Der machte mir ziemlich deutlich, ich hätte die Gaststätte zum kulturellen Mittelpunkt der Gemeinde zu machen. Das war mit meiner Mission nicht vereinbar, dennoch habe ich einige Veranstaltungen mit diversen Künstlern und Musikbands aus der Umgebung organisiert, die für alle offen waren. Gegen Ende meiner Zeit im Dorfheim war man doch ganz zufrieden mit mir, mit den größten Nörglern habe ich dann öfter mal Skat gespielt und alles war o. k. Für Silvester hatte ich eine schöne Feier für ca. 200 Leute mit Kapelle und allem Drum und Dran sowie mit künstlerischen Motiven gestaltete Einladungskarten vorbereitet. Wie ich später erfahren habe, ist die Feier ein schönes Erlebnis für alle Gäste gewesen. Zunehmend gab es Auseinandersetzungen mit meiner damaligen Frau Jutta, die sich als Küchenchefin in der im Keller gelegenen Küche nicht mehr recht wohlfühlte. Da sie keine Gaststättenköchin war, blieben ihr neben der Hilfe beim Kochen häufig nur Handreichungen und der Küchenabwasch als Aufgabe sowie das Erstellen der Speisekarte. Die Auseinandersetzungen führte sie gern in Gegenwart des Küchenpersonals, was für mich total unwürdig und fremd war. Da ich mit einer solchen Situation noch nie konfrontiert war, dachte ich schon damals an Trennung und bewarb mich in Frankfurt (O.) für eine Stelle als Kaufhallenleiter. Man lud mich zu einem Vorgespräch ein. Durch das Auf und Ab unserer Beziehungen verschob ich den Termin immer wieder und fuhr dann erst im Herbst 1973 nach Frankfurt. Ich war mir noch nicht ganz im Klaren darüber, ob ich mich allein bewerben oder auch meine Frau mit einbeziehen sollte. Obwohl unsere Beziehung noch in der Schwebe war, sich aber zum Ende der Zeit in Marienberg wegen der künftigen Aussichten auf eine getrennte Arbeit verbessert hatte, trug ich die Bewerbung für uns beide vor.

Mein Leben in Frankfurt (Oder)

Mit dem Kaderleiter vereinbarte ich die Aufnahme unserer Tätigkeit für den 01.01.1974. Ich sollte die Kaufhalle Zentrum übernehmen und meine Frau später als Stellvertreterin im neu errichteten Bekleidungshaus arbeiten. Eine Neubau-4-Raum-Wohnung wurde mir zugesagt. Bei einem weiteren Besuch in Frankfurt erhielt ich die Schlüssel für die Wohnung in der Prager Str.1. Der Umzug sollte am 22. Dezember stattfinden, Jutta war schon einen Tag vorher mit den Kindern nach Frankfurt gefahren. Am 22. Dezember war Marienberg wegen zu viel Schnee von der Außenwelt abgeschnitten, deshalb kam der LKW aus Karl-Marx-Stadt erst am 23. Dezember. Dann ging aber alles glatt über die Bühne. Jutta hatte die letzte Nacht schon in der Wohnung verbracht. So konnten wir zügig entladen und die Möbel aufstellen, es waren ja nicht so viele. Die Wohnung war sehr schön warm und durch den Spannteppich gut gedämmt. Oft wird über den Plattenbau negativ gesprochen. Ich kann nur sagen, außer durch die Flurtür haben wir keine Nachbargeräusche gehört. Es war ein richtiges Glücksgefühl, eine solche Wohnung zu beziehen, in der man sich um nichts weiter kümmern musste. Heizung, Warmwasser, Trinkwasser, Strom, Bad, Küche, alles war da. Die Schule war 100 m und der Kindergarten 150 m entfernt. Die Kinder gewöhnten sich schnell ein, der Sohn von Jutta nahm nach Abschluss der 10. Klasse eine Lehrstelle im Eisenhüttenkombinat-Ost in Eisenhüttenstadt an, wo er auch im Internat wohnte. Ich war zunächst neben dem Kaufhallenleiter in der Kaufhalle Zentrum tätig und wurde dann nach der Inventur am 14. Januar 1974 ihr Leiter. Jutta war vorübergehend in einem großen Textilgeschäft eingesetzt worden, da das Bekleidungshaus noch nicht fertiggestellt war. Eigentlich war das so gar nicht geplant. Ich wollte allein nach Frankfurt gehen und mich von Jutta trennen. Ich sah mit ihr zusammen keine Zukunft mehr, hatte ihr das aber noch nicht gesagt. Frankfurt bot dann uns beiden einen guten

Job. Da wir nun getrennt arbeiteten, dachte ich, es würde sich alles wieder einrenken. 1974 ging auch alles gut, die Probleme hatten sich erheblich reduziert. Wir hatten einen schönen Urlaub bei Benedek am Balaton. Es gab keine Probleme zwischen uns, auch nicht im Betrieb, der von unserem großartigen Direktor Horst Klämbt geleitet wurde. 1975 bat er mich, nochmals eine Qualifikation an der Betriebsakademie in Sallgast als Fortbildung aufzunehmen. Es handelte sich um ein postgraduales Studium der Fachschule für Binnenhandel Dresden und begann im April 1975. In den Sommermonaten wurde es unterbrochen und ab September bis Dezember fortgesetzt. Im Sommer machten wir erneut Urlaub am Balaton bei Carola und Benedek Nemeth. Es waren sehr schöne 3 Wochen, in denen wir einmal in Budapest waren und rings um den See gefahren sind. Bei der Anreise haben wir die Autofähre von Tihany nach Szantod benutzt. Auch Zoltan Szigethy, der in Budapest beim Zoll beschäftigt war, haben wir in Szigetvar besucht, wo er noch bei seinen Eltern lebte, in deren Wohnung wir übernachten durften. Gemeinsam sind wir ins Thermalbad gegangen und haben am nächsten Tag eine Tante in Harkany besucht, die einen wunderschönen Garten mit vielen verschiedenen Obstbäumen und Sträuchern hatte. Die Früchte waren ein Genuss. Zoltan hat uns dann auch noch Pecs und das Villany-Gebirge sowie einen herrlichen See gezeigt, in dem wir gemeinsam baden gingen. Auch 1975 verbrachten wir erneut einen sehr schönen Urlaub am Balaton bei Benedek und Carola, besuchten auch wieder Zoltan in Szigetvar und viele andere schöne Orte. Gegen Ende des Jahres 1975 merkte ich, als ich an den Wochenenden von der Schule nach Hause kam, dass Jutta sich verändert hatte. Ab September 1975 besuchte sie die Kreisparteischule, wo vielleicht die Ursache für ihr Verhalten lag. Eines Tages sagte sie: „Wir sollten uns scheiden lassen." Von dieser Vorstellung war ich zwar sehr überrascht, aber nach kurzer Überlegung durchaus bereit dazu. Da ich wegen meines Schulunterrichts in Sallgast nur an den Wochenenden zu Hause war, ist mir vieles entgangen. So auch, dass eines Tages ihre Tochter Constanze verschwunden war, sie musste eigentlich schon zur

Schule gehen. Ich nahm an, sie hat sie wohl zu ihrem Exmann gebracht, aber denkbar waren auch andere Möglichkeiten. Ich fragte nicht danach. Es ging alles auf das Ende der Ehe zu, was sie aber nicht davon abhielt, mich häufig um Hilfe bei den Hausaufgaben zu bitten. Z. B. Arbeiten zu formulieren, die ihr von der Parteischule aufgetragen wurden. Sie war schon Mitglied der SED, als ich sie kennenlernte. Irgendwie war ich ganz froh, dass diese Ehe zu Ende ging. Ich hatte immer das Gefühl, dass Katrin, meine Tochter, ihren eigenen Kindern gegenüber zurückgesetzt wurde. Es war nur ein Gefühl, erst später erzählte mir Katrin, dass sie während meiner Abwesenheit innerhalb der Woche geschlagen wurde, dass ihr mit Heimunterbringung gedroht wurde, falls sie mir davon erzählen würde. Die Scheidung wurde im Frühjahr 1976 ausgesprochen. Noch aber waren Juttas Möbel in der Wohnung, sie selbst war schon ausgezogen. Ich hatte gehört, dass mein Chef ihr eine Wohnung auf dem Bruno-Peters-Berg besorgt hatte. Als sie zusammen mit dem Hausmeister des Bekleidungshauses ihre Möbel aus unserer Wohnung ausgeräumt hatte, kam sie noch einmal zu mir und Katrin ins Wohnzimmer und sagte: „Ich wünsche euch beiden alles Schlechte, was man nur wünschen kann. Mögt ihr im Dreck verkommen!" Es fielen noch andere schlimme Worte. Ich war darüber nicht einmal erbost, eher erstaunt und erschrocken, da es für solche Äußerungen gar keinen Grund gab, zumal wir vorher keine verbalen Auseinandersetzungen hatten und ich ihr noch bei den Hausaufgaben geholfen hatte. Als sich die Wohnungstür hinter ihr schloss, machten wir beide einen riesigen Luftsprung mit einem Befreiungsschrei. Endlich war sie weg! Es begann ein ganz neues Leben. Wir mussten uns um Essen, Wäsche usw. kümmern. Katrin war 11 Jahre alt, ab April 1976 waren wir beide allein. Nach 1 ½ Jahren im Oktober 1977 lernte ich meine jetzige Frau Christa kennen. Sie wohnte in Görlitz und war im Krankenhaus als MTA tätig. Am 10. Februar 1978 heirateten wir in Görlitz und feierten die Hochzeit gemeinsam mit ihren Eltern im Burghof. Meine Frau kam mit nach Frankfurt und fing am Bezirkshygieneinstitut in der Abt. Fremdstoffanalytik als

Chemisch-techn.-Assistentin an. Für meine Frau war diese Tätigkeit ein völlig neues Arbeitsgebiet. Hier wurden Lebensmittel auf schädliche Inhaltsstoffe untersucht. Zunächst arbeitete sie allein mit ihrem Chef zusammen, später kam noch eine weitere Kollegin dazu. Ich war mit meiner Arbeit weitgehend zufrieden, auch wenn es anfangs Probleme mit einigen Mitarbeiterinnen gab, die aber nach und nach aus dem Kollektiv ausschieden. Es gab sehr viele Außeneinsätze anlässlich der 1. Maifeiern, der Campingausstellungen, zum 07. Oktober, dem Tag der Republik und bei den Weihnachtsmärkten. Am 31. Mai 1977 fand in Frankfurt das große Fest der deutsch-polnischen Jugend statt. Die Tribüne stand direkt vor dem Oderturm, an dem sich meine Kaufhalle befand, mit Erich Honecker und Edward Gierek an der Spitze beider Delegationen. Erich Honecker hielt eine lange Rede, während ein endloser Fanfarenzug der Jugend beider Länder in deutsch-polnischer Pionierkleidung daran vorbeizog. Auch Tochter Katrin war dabei. Es war ein sehr heißer Tag, an dem überall Bühnen standen, wo die verschiedensten Künstler auftraten, bewundert von 10.000en von Besuchern. Wir als Kaufhalle hatten sieben Stände mit Getränken und diversen Imbissen aufgebaut und zu besetzen. Um alles rechtzeitig zu organisieren, bin ich mit einigen Kollegen am Abend vorher in die Kaufhalle gegangen, wo wir auf Decken übernachteten. Rund um unser Haus war der Sperrbezirk Nr. 1, dort durften nur auserwählte Personen mit entsprechendem Ausweis hinein. Nach der Rede Honeckers standen mein Kollege Kalwellis und ich an der Seite des Gebäudes und genau dort kamen Honecker und Gierek vorbei. Sie schauten uns mit unseren weißen Kitteln an und grüßten freundlich durch Handerheben. Die schwarzen Limousinen der Abordnungen beider Länder waren auf dem Brunnenplatz geparkt und von der Stasi bewacht. Dorthin gingen Honecker und Gierek. Danach löste sich die Veranstaltung vor dem Oderturm auf und die Leute fingen nun richtig an zu feiern. 1978 war die Kaufhalle ca. 4 Wochen wegen Umbaus und Erneuerung der Einrichtung geschlossen. Am Eröffnungstag kam die Prominenz aus dem Frankfurter Handel und besichtigte den fertigen Umbau und die gefüllten Regale, die erste Kundin bekam einen Blumenstrauß. Im laufenden Jahr 1979 wurde darüber diskutiert, dass die Kaufhalle in einen Delikatladen umgebaut werden sollte. Mein Direktor fragte mich, ob ich das machen wolle oder ob ich lieber die große Kaufhalle „Südring" übernehmen wolle. Da ich schon 1978 zwei Monate im „Südring" geholfen hatte, einen neuen Kaufhallenleiter einzuarbeiten, der dann aber entlassen wurde, sagte ich zu und übernahm im September 1979 diese Kaufhalle. Ich fand in Südring ein wunderbares Kollektiv vor, das mit mir gemeinsam an einem Strang zog, die Versorgung hervorragend organisierte und half, Inventurdifferenzen über die ganzen 6 Jahre meiner dortigen Tätigkeit zu vermeiden. Dafür bekamen wir stets Auszeichnungen, ich wurde mehrmals „Aktivist der sozialistischen Arbeit". Es waren sehr schöne Jahre mit sehr vielen Feiern und Veranstaltungen, die wir teilweise selbst organisierten oder zu denen wir von unserer HO-Leitung eingeladen wurden. Darunter war auch ein Auftritt von Herricht & Preil während einer Betriebsfeier. Meine Tochter Katrin wurde wegen ihrer sehr guten Leistungen in der Grundschule auserwählt, ab der 9. Klasse die Gauß-Spezialschule (heute Gauß-Gymnasium) zu besuchen. Sie schloss die Schule mit Abitur ab und nahm ein Chemiestudium an der TU in Dresden auf, das sie als Diplom-Chemikerin abschloss. Meine Frau war mit ihrer Arbeit durchaus zufrieden. Leider erkrankte ihre Mutter an Krebs, so musste sich meine Frau öfter um sie kümmern, nach Görlitz fahren und ihren Vater unterstützen sowie im Krankenhaus Besuche bei ihrer Mutter machen. Deshalb bat sie im Betrieb darum, ihre Arbeitszeit auf drei Wochentage zu verkürzen, was auch genehmigt wurde. Im Jahre 1981 verstarb meine Schwiegermutter leider, was uns alle tief bewegte, zumal sie erst 73 Jahre alt war. Mein Schwiegervater verblieb in der Wohnung allein und wurde von meiner Frau oft besucht und in der Hausarbeit unterstützt. Seine Wäsche schickte er uns per Post, um sie von meiner Frau in der Waschmaschine waschen zu lassen. Jedes Jahr von Dezember bis März war er unser Gast in Frankfurt/O. Im Frühjahr 1982 war ich mal kurz im Zimmer unseres ökonomischen Direktors. Unser Gespräch wurde durch einen Anruf meiner Exfrau Jutta unterbrochen. Im Anschluss erzählte mir der Kollege, dass sie wohl sehr nervös sei, da man ihre Inventurunterlagen zur Prüfung eingezogen hatte. Irgendetwas war wohl auffällig. Die Unterlagen wurden zunächst von der Kontrollabteilung unseres Betriebes geprüft und später weitergegeben an die Bezirksdirektion. Sie wollte von meinem Kollegen wissen, wie der Stand der Prüfung derzeit ist. Er konnte dazu nichts sagen. Bald stellte sich heraus, dass die Untersuchungen eine Belegfälschung ergeben hatten, die wiederum beträchtliche Unterschlagungen verdecken sollten. Es kam zu einem Strafprozess und einem Urteil von mehreren Jahren Freiheitsentzug. Sie hatte nach unserer Trennung erneut geheiratet und mit 41 Jahren noch ein 4. Kind bekommen. Ihre Tätigkeit im Bekleidungshaus beendete sie etwa 1980 und übernahm einen unter dem Bekleidungshaus liegenden, neu eingerichteten Intershop mit ca. sieben Mitarbeiterinnen. Dort kam es zu den Verfehlungen. Nach einiger Zeit ließ sich ihr Ehemann scheiden und nahm das gemeinsame Kind an sich. Das hatte Auswirkungen auf den gesamten Intershophandel in der DDR, zumal vorher schon im Intershop des Hotels Stadt Frankfurt ein größerer Diebstahl aufgedeckt worden war. Auch im Intershop des Palasthotels in Berlin soll es zu größeren Unterschlagungen gekommen sein. Nach dem Vorfall in Frankfurt durften keine Frauen mehr von Angehörigen der bewaffneten Organe im Intershophandel eingestellt werden, da nach den Verwicklungen der Frauen in diese Vorgänge nicht nur die Frauen bestraft, sondern auch die Ehemänner suspendiert oder versetzt wurden. Bis dahin waren vielfach Ehefrauen von Mitarbeitern bewaffneter Organe im Intershophandel tätig, weil sie als besonders ehrlich und zuverlässig galten. Das hatte sich als Irrtum erwiesen und Auswirkungen auf die Besetzung bei den bewaffneten Organen gehabt, es mir aber – als ich den Intershop übernahm – bei der Personalsuche leichter gemacht. Im April 1982 wurde ich von der Bezirksdirektion der HO im Rahmen der Aktion „Die Bezirke helfen Berlin" beauftragt, als Leiter einer Arbeitsgruppe eine Kaufhalle in Berlin dabei zu unterstützen, ihre erheblichen Inventurdifferenzen zu senken. Wir wohnten zunächst zu dritt in einem Zimmer bei einer Familie in Lichtenberg. Später waren wir nur noch zu zweit und jeder nahm danach ein eigenes Quartier. Ich bekam eine Ein-Raum-Wohnung in der Einsteinstraße, die ich bis Ende 1983 bewohnte. Wir waren die ganze Woche über in der Kaufhalle im Einsatz und fuhren nur an den Wochenenden nach Hause. Ich baute die Einrichtung der Kaufhalle um, damit das Personal einen besseren Überblick über die Gänge zwischen den Regalen bekam. Daraufhin beschwerte sich der Lichtenberger Bürgermeister darüber, dass man von außen nur noch Regale und keine Ware sieht. Das aber war genau der Fehler, da der Eingang von innen nicht einsehbar war, waren Diebstähle leichter möglich, manchmal sogar von außen gesehen worden. Ich änderte mein Konzept nicht, ließ die Regalwände lediglich dekorieren, was letztendlich zum Erfolg bei den Inventurdifferenzen beitrug. Zum Betriebsteildirektor der HO Lichtenberg hatte ich ein gutes Verhältnis, die ersten Tage übernachteten wir sogar bei ihm zu Hause. Später pflegten wir eine sehr positive Zusammenarbeit mit ihm, halfen ihm auch mal zwei Wochen lang bei Ermittlungen in einer anderen Kaufhalle. Es gab häufig Prämien für unsere Arbeit und am Ende der Einsatzzeit bekamen wir von der HO-Bezirksdirektion einen hohen Betrag als Belohnung für unsere erfolgreiche Tätigkeit. Dort war der Hauptbuchhalter Wolfgang Seeber für uns zuständig, mit dem uns später eine private Freundschaft verband und der mir auch geholfen hatte, nach meiner Zeit in der Südringkaufhalle die Stelle als Leiter des an der Autobahn neu errichteten Großintershops zu bekommen. Er selbst war seit einiger Zeit in der Bauernpartei und wünschte sich, dass ich da auch eintreten sollte. Ich aber wollte weiterhin parteilos bleiben. Dennoch erhielt ich die Zusage, den Intershop leiten zu dürfen. Nachdem feststand, dass ich übernehmen werde, begann ich schon von Südring aus die Weichen für meine spätere Arbeit zu stellen. Ich nahm regelmäßig an den Bauleitungsbesprechungen teil und konnte somit Einfluss auf diverse Details am Bau und der Einrichtung ausüben. Im Sommer 1985 leitete ich den Aufbaustab aus der

Eröffnung Intershop 1985

HO-Verwaltung heraus. Insgesamt führte ich mehr als 300 Bewerbungsgespräche. Viele Frauen kamen aus dem Halbleiterwerk, weil sie sich dort nicht ausgelastet fühlten. Aber auch zahlreiche Mitarbeiterinnen der HO wollten gerne in den Intershop und bewarben sich bei mir. Am 15. Dezember 1985 war es dann endlich so weit. Wir eröffneten in Anwesenheit des Oberbürgermeisters, des Bezirksdirektors, unseres Direktors und weiterer Persönlichkeiten den Intershop.

Es war der Job meines Lebens, ich musste keine Mangelwirtschaft mehr verwalten und die entsprechenden Kritiken der Kunden hinnehmen. Das Sortiment war umfassend. Der Shop hatte folgende Abteilungen: Lebensmittel, Textilwaren, Freizeit und Sport, KFZ-Zubehör, Baumarkt, Bild und Ton, Möbel und Kosmetik. Wir bekamen zusätzlich zwei Kolleginnen, die sich um die Werbung kümmerten. Es gab eine Buchhaltung, eine Warenannahme, einen technischen Leiter, die Hauptkasse, eine Sekretärin und den Einlass- und Aufsichtsdienst sowie zwei Küchenhilfen. Das Mittagessen wurde täglich von einer Gaststätte gebracht. Natürlich wurde in Schichten gearbeitet, da wir alle 365 Tage im Jahr geöffnet hatten. Die Bezahlung war wie im Einzelhandel üblich, nur gab es zusätzlich Quartalsprämien in nicht unbeträchtlicher Höhe. Außerdem konnte jeder Mitarbeiter 30 Mark der DDR im Monat in 30 Forumschecks umtauschen, was 30 DM entsprach. Zudem bekamen die Verkäuferinnen Trinkgelder in Fremdwährungen von den Kunden, die in der jeweiligen Abteilung aufgeteilt wurden. Verwaltungsmäßig unterstanden wir dem HO-Betrieb Frankfurt (O)-Seelow, die Kontrolle und Anleitung hatte die Interhotel-Generaldirektion in der Hand, die durch den Direktor des Intershophandels Peter Franke geleitet wurde. Die Forum-Handelsgesellschaft war für die Belieferung zuständig und tätigte auch den internationalen Einkauf. Beide waren direkt Alexander Schalk-Golodkowski unterstellt, der Chef der KoKo und Devisenbeschaffer der DDR war. Er bewilligte auch quartalsweise die Prämien für uns. Alle 2 Monate hatten wir mit den anderen Leitern der Intershopgroßobjekte der DDR ein Treffen, jeweils in einer anderen Stadt mit einem Großintershop. Diese waren ausschließlich in den Bezirkshauptstädten der DDR, wo es jeweils ein Interhotel gab. Dort wohnten wir auch kostenlos. Abends fanden wir uns in der Bar zusammen. Am Tag besuchten wir den örtlichen Intershop unseres/er Kollegen/ginnen und werteten in einer längeren Sitzung die Ergebnisse der Besichtigung aus. Der Forum-Chef Dr. Peter Thiel hielt Vorträge über die Entwicklung im Intershophandel und wies auf Missstände hin, lobte aber auch, wo es angezeigt war. Unser letztes Treffen war eine Qualifizierungsveranstaltung, die in Stendal stattfand. Da merkten wir schon an der Lockerheit unserer Chefs, dass es künftig wesentliche Veränderung geben wird, ohne allerdings schon an die deutsche Einheit zu denken. Bevor am 01. Juli 1990 die DM eingeführt wurde, war Schluss mit dem Intershop. Wir wurden von REWE mit Lebensmitteln bestückt und somit zu einer Kaufhalle umgerüstet. Die Kaufhalle blieb aber bis zum Ende des HO-Betriebes, der sich inzwischen **Neufra** nannte, in Verwaltung der Neufra. Ich war immer noch Leiter der Kaufhalle, auch meine Mitarbeiter waren weiter bei mir beschäftigt. Ich habe mich daneben dann noch politisch betätigt, bin der SPD beigetreten und zum Stadtverordneten gewählt worden. Gleichzeitig hatte ich die Position eines ehrenamtlichen Beigeordneten für Wirtschaft inne. Der hauptamtliche Beigeordnete für Wirtschaft war der CDU-Mann Klaus Franke, der früher Finanzsenator von Westberlin war. Um eine Parität zwischen SPD und CDU unter den Beigeordneten herzustellen, wurde ich als SPD-Vertreter in die Funktion des ehrenamtlichen Beigeordneten gewählt. Herr Franke war immer noch Vorsitzender des Finanzausschusses im Westberliner Parlament und deshalb oftmals nicht in Frankfurt (O) anwesend. Ich nahm jeden Montag an den Leitungssitzungen des Oberbürgermeisters, Dr. Denda, teil, musste aber auch meine eigentliche Arbeit als Kaufhallenleiter weiterhin erbringen. Viele Sitzungen fanden noch spät am Abend statt, sodass ich von beiden Jobs ziemlich erschöpft war und nur wenig Zeit für meine Familie blieb. Mir war es wichtig, dass es zur Wiedervereinigung kommt. Da das im Programm der damaligen SDP (Sozialdemokratische Partei der DDR) angedeutet wurde, bin ich zu dieser Partei gegangen und nicht zu einer der Blockparteien. Auch das Neue Forum war für mich viel zu chaotisch. Als dann alles nach einem Jahr geordnet schien, bin ich aus der Partei ausgetreten und habe meine Funktionen niedergelegt. Ein Grund war auch, dass Dr. Denda und der CDU-Vorsitzende es zuließen, dass frühere Genossen der SED, die z. T. vom Rat des Bezirkes, aber auch aus der Stadtverwaltung kamen als Amtsleiter eingestellt wurden. Mir schwebte eine neue, demokratische Verwaltung vor, es war schon unangenehm genug, dass im Parlament eine große Zahl von PDS-Mitgliedern saß. Beruflich kam es im Juni 1991 zu einer schwerwiegenden Wende in meinem Leben. Zusammen mit zwei Partnern aus Westdeutschland, einem Notar und einem Generalvertreter der Allianz, gründeten wir eine GmbH, deren Geschäftsführer ich war. Ziel war es, den gesamten Komplex des Intershops zu kaufen. Am Anfang blockierte die Treuhand den Verkauf und vermietete das Objekt nur an mich. Intern vertrat ich aber die GmbH, in der wir drei gleichberechtigte Eigentümer waren. Ich hatte die restlichen Warenbestände der Neufra erworben und musste eine zusätzliche Ablösesumme von 100.000 DM an die Treuhand zahlen, was aber nur in Raten möglich war. Ich hatte mehrere Mieter für die Geschäftsräume gefunden, mit denen ich entsprechende Verträge abschloss. Die NORMA war der Hauptmieter, aber auch Connys Container war Mieter von mehr als 500 qm. So war es möglich, die Miete für die Treuhand aufzubringen und auch noch davon zu leben. Im März 1993 kaufte ich das Objekt und nahm einen entsprechenden Kredit bei der Stadtsparkasse auf. In den internen Verträgen war allerdings geregelt, dass wir drei Eigentümer sind, obwohl ich allein im Grundbuch stand. Im August 1997 verkauften der Notar, der inzwischen nach Grenada ausgewandert war, und ich, unsere Anteile an der GmbH an den dritten Miteigentümer. Ich war inzwischen in den Vorruhestand gegangen, nur meine Frau war noch bis April 1998 im Landesamt für Ernährung tätig. Sie wurde direkt vom Hygieneinstitut übernommen, musste allerdings eine erneute Bewerbung einreichen. Tochter Antje wohnte immer noch in Guben und hatte 1992 geheiratet. 1990 bekamen wir nach längerem Bemühen für meinen Schwiegervater einen Platz im Altersheim in Frankfurt. Er war inzwischen 83 Jahre alt und verstarb zwei Jahre später. 1995 ließen wir uns ein 1-Familienhaus in Frankfurt errichten, in das wir dann im Mai 1996 von unserer Plattenbauwohnung umzogen. Im selben Ortsteil hatte sich auch der Boxer Axel Schulz niedergelassen. Auch Henry Maske wohnte genau uns gegenüber als wir noch im Plattenbau lebten. Katrin war inzwischen verheiratet und wohnte seit 1995 in Berlin, brachte aber Weihnachten 1995 bei uns in Frankfurt ihren Sohn Florian zur Welt. Am 1. Januar 1999 wurde ihre Tochter Joanna geboren. Auch Antje hatte 1992 geheiratet und wohnte in Guben, wo auch ihre Mutter eine Wohnung hatte. Sie bekam ihren Sohn Niklas im November 1999. Im Jahre 2000 zog Antje mit ihrer Familie nach Potsdam, einige Zeit später folgte ihr ihre Mutter Helga, die inzwischen alleinstehend war. Sie verstarb leider schon im Jahr 2016. Wir dachten über unser künftiges Familienleben nach und glaubten, dass wir nun wohl nicht mehr am richtigen

Ort sind, denn wann würden die Kinder bzw. später die Enkel mal nach Frankfurt kommen? Deshalb entschlossen wir uns, unser Haus zu verkaufen, und zogen im Mai 2001 nach Potsdam in unsere jetzige Wohnung. Von 1994 bis 2008 hatten wir einen Zwergdackel, der uns sehr viel Freude bereitete, uns ans Herz gewachsen war und uns auf vielen Reisen im Inland begleitete. Da wir jetzt viel Zeit hatten, begann nun unsere Reisezeit. Zunächst waren Österreich, die Schweiz und die Mittelmehrländer das Ziel, später unternahmen wir Schiffsreisen in den Indischen Ozean, von Barcelona zu den Kanaren und zurück über Lissabon und schließlich eine 4-monatige Reise um die ganze Welt und dann noch einmal eine 3-monatige Reise „Rund um Afrika", wozu auch der Besuch des Oman, Dubais, Indiens, der Malediven, der Seychellen, von Mauritius und Madagaskar sowie der Komoren und zahlreicher afrikanischer Länder gehörte. Meine Frau Christel war anfangs zögerlich wegen der Länge der Reisen, danach aber voller Begeisterung über die großartigen Orte, die wir gesehen haben. Wer einmal Bora Bora oder Samoa gesehen hat, Tahiti und Tasmanien, der träumt sein ganzes Leben davon. So haben wir uns glücklich geschätzt, diese großartigen Inseln tatsächlich besucht zu haben. Unsere letzten Urlaube verbrachten wir jeweils über 4–5 Wochen im Winter auf Teneriffa, im Sommer dann meist an der Ostsee, vorwiegend natürlich auf dem Darß, den ich aus meiner Jugend bereits kannte und der für mich ein sehnsuchtsvoller Ort ist. Nach dem Urlaub im Winter 2017 auf Teneriffa waren Reisen aus gesundheitlichen Gründen nicht mehr möglich. So reicht es uns nun, die Zeit auf dem schönen Wassergrundstück zu verbringen, wo wir 2001 unsere Wohnung gemietet haben. Im Rückblick kann ich sagen, es war ein erfülltes Leben mit vielen Höhen und Tiefen, mit dem ich glücklich und zufrieden bin. Hat es doch aus dem armen Waisenkind einen wohlsituierten Menschen gemacht, der sich auch im Alter keine materiellen Sorgen machen muss. Dafür bin ich all den Menschen dankbar, die mir dabei geholfen haben, mir zur Seite standen und mein Leben geprägt haben, insbesondere meiner lieben Frau Christel, mit der ich jetzt schon 42 Jahre glücklich verheiratet bin. H.-J. Risto Ende

novum VERLAG FÜR NEUAUTOREN

Bewerten
Sie dieses Buch
auf unserer
Homepage!

www.novumverlag.com

Der Autor

Der Autor, H.-J. Risto, geboren 1935 in Berlin, übersiedelt fluchtartig mit seiner Mutter von Malz bei Berlin nach Landsberg an der Warthe, wo beide bei den Eltern der Mutter unterkommen und er nach dem Tod seiner Mutter 1945 bei seinen Großeltern aufwuchs. Krieg und die Besatzung nach Kriegsende durch Russen und Polen ließen die Menschen unter schwierigen Bedingungen leiden. 1946 erfolgte die Vertreibung aus Landsberg und nach langwieriger Flucht kam er mit seinen Großeltern in Ostdeutschland an. Trotz dieser schwierigen Umstände gelang es dem Autor, die Oberschule bis zur 10. Klasse zu absolvieren.
Er ging, 18-jährig, nach Westdeutschland, wo er zunächst Schwerstarbeit in Landwirtschaft und Bergbau leistete, dann mit der gewerblichen Selbständigkeit Erfahrungen sammelte und später wieder in die DDR zurückkehrte, wo er sich weiter qualifizierte und leitende Tätigkeiten im Handel ausübte. Nach 2 Ehen heiratete er 1978 erneut. Er brachte zwei Kinder in die Ehe mit.

Der Verlag

> *Wer aufhört*
> *besser zu werden,*
> *hat aufgehört*
> *gut zu sein!*

Basierend auf diesem Motto ist es dem novum Verlag ein Anliegen neue Manuskripte aufzuspüren, zu veröffentlichen und deren Autoren langfristig zu fördern. Mittlerweile gilt der 1997 gegründete und mehrfach prämierte Verlag als Spezialist für Neuautoren in Deutschland, Österreich und der Schweiz.

Für jedes neue Manuskript wird innerhalb weniger Wochen eine kostenfreie, unverbindliche Lektorats-Prüfung erstellt.

Weitere Informationen zum Verlag und seinen Büchern finden Sie im Internet unter:

w w w . n o v u m v e r l a g . c o m